i Robinson / Letture

Prima edizione 2006

Chiara Michelon

Noi bambini di strada

Storie del Mthunzi Centre

Prefazione di Pietro Veronese

Editori Laterza

Finito di stampare nel febbraio 2006
Poligrafico Dehoniano -
Stabilimento di Bari
per conto della
Gius. Laterza & Figli Spa
CL 20-7937-2
ISBN 88-420-7937-5

ai bambini di strada
di tutto il mondo

Indice

Prefazione

di Pietro Veronese

Ci sono due modi di accostarsi all'Africa, uno con la ragione, l'altro col cuore.

È vero in generale di ogni nostro interferire col resto del mondo, ma a me pare sia specialmente vero in questo caso. L'Africa non è conoscibile, non è penetrabile con la pura ragione. Questo continente è il cimitero non solo di tante spedizioni coloniali, ma anche di tante buone intenzioni, di tanti tentativi di liberarlo dai suoi mali. L'illuminismo, grandioso prodotto intellettuale europeo, non è mai stato trapiantato laggiù.

Se esistesse una statistica dei progetti falliti, delle nuove partenze frustrate, degli investimenti andati a male, delle politiche di sviluppo dimostratesi fallaci, questa si andrebbe senza dubbio ad aggiungere ai tanti indicatori negativi che mostrano l'allontanarsi dell'Africa dagli umani obiettivi della sopravvivenza e del benessere. Come al Kurtz del *Cuore di tenebra* di Conrad, l'Africa rischia ancor oggi di far perdere la ragione a chi l'accosta con senso di superiorità e di farne affiorare la parte peggiore. Colpa nostra, naturalmente, e del modo in cui ci avviciniamo ad essa; non sua.

Capire perché le cose vadano così è una sfida. È un fatto culturale, certamente, qualcosa che ha a che vedere col modo in cui gli africani – e noi diversamente da loro – stanno al mondo. Ha anche a che vedere, e molto, col modo in cui noi li guardiamo, col modo in cui ci incontriamo. Con l'identità che noi attribuiamo agli africani, aprioristicamente, accomunandoli tutti in un'unica allusione che non ci permettiamo con altri continenti. Gli africani sono fatti così, ci diciamo. E ci capiamo fra di noi, senza renderci conto che quel che stiamo in tal modo confermando è solo la nostra identità, non la loro; la nostra identità basata sul pregiudizio collettivo.

E poi c'è l'altro modo, quello del cuore. Mettersi dalla parte degli africani e dei loro problemi. Identificarsi, per poi capire. Provare a sentire le stesse cose. Partire dagli individui anziché dalle categorie. Dalle persone, e non dagli «africani». Invertire il rapporto: non pretendere che l'Africa parli la nostra lingua, ma diventare i suoi portavoce. Farci ventriloqui dei suoi bisogni.

Questo credo sia il senso del libro di Chiara Michelon e del suo titolo. Libro che non nasce dal nulla, ma ha dietro di sé innanzitutto la generosità, la gratuità, la disponibilità della gioventù; e poi un modo di accostarsi all'Africa insegnato da Amani e dal suo ispiratore, padre Kizito Sesana.

Il libro parte descrivendo, nelle primissime righe, quel dirompente differenziale che chiunque sbarchi per la prima volta in una capitale africana constata. Lo shock per la disuguaglianza globale, l'impatto con quella brulicante periferia del mondo, traboccante al tempo stesso di vita e di vita negata, umiliata, frustrata, calpestata. L'incontro con il mondo di coloro-che-non-hanno. Né ricchezze né, molto spesso, affetto, perché la povertà diventa alla lunga povertà di tutto.

Anche qui, i percorsi possibili sono due. Il rifiuto o l'abbandono di sé. L'autrice ha scelto, per immediato istinto, il secondo e il suo libro ne è il frutto. Si è fatta voce degli altri. Il risultato è che in queste pagine finalmente non ci sono più né l'Africa né gli africani, ma soltanto figli e fratelli minori. Nostri figli e fratelli minori che hanno bisogno di noi.

Premessa

Quando arrivai in Africa per la prima volta, sette anni fa, guardai negli occhi i bambini di strada che riempivano la città di Nairobi e capii subito che la mia vita, dopo quell'incontro, non sarebbe stata più la stessa.

In Occidente i bambini sono protetti, coccolati, viziati, riempiti d'amore. I bambini di strada africani, gli *street-children*, con quegli occhi rossi e svuotati d'emozione, hanno perso tutte le caratteristiche più naturali di un bambino, hanno perso l'innocenza, i sogni, il piacere del gioco per giocare, la sicurezza di avere qualcuno a casa che ti aspetta e ti sgriderà se farai tardi ma ti difenderà sempre da ogni male. Lì i bambini sono tutto meno che bambini. Se oggi stanno in piedi domani potrebbero cadere, e nessuno se ne accorgerà: la cosa migliore che possono fare è dimenticare tutto quello che gli è successo ieri. Avrei tanto voluto conoscere il loro passato, ma era il nostro primo incontro, e non ebbi il coraggio di farmelo raccontare.

Mi avvicinai all'Africa come volontaria grazie all'associazione Amani, che mi diede l'opportunità di vivere assieme ad alcuni dei bambini recuperati dalla strada. Due anni dopo la prima visita partii nuovamente con Amani, questa volta per lo Zambia, dove esiste un altro centro che ospita *street-children*, gestito – come sempre – da uomini e donne africani. Fu un'esperienza più profonda, meno dura dal punto di vista emotivo ma molto più costruttiva. Al Mthunzi Centre di Lusaka l'ambiente è più familiare, agricolo, si vive di poco e non si cerca di più. Giorno per giorno entrai nella vita dei ragazzi della comunità, cercando di capire le sfumature, di leggere tra le righe i silenzi dei bambini e gli sguardi dei grandi. Se riesci a non giudicare, a metterti in ascolto, diventerai immediatamente amico di un africano.

Pensiamo sempre che per l'Africa si debba fare qualcosa di concreto, combattere contro l'ingiustizia, pronunciarsi su cosa sia più o meno giusto; ma quell'anno capii che i bambini africani non avevano bisogno di me come protagonista di una lotta che, in ogni caso, non avrebbe modificato la tristezza del loro passato. Loro cercavano un'amica. Senza fare niente di speciale, lo diventai.

Trascorsi altri due anni, ero di nuovo in viaggio per lo Zambia. Era arrivato il momento di fermarmi ad ascoltare le storie dei bambini, abbandonando il timore di invadere la loro tristezza e di far riaffiorare momenti troppo sofferti. A un amico racconti chi sei, ma soprattutto cosa ti ha fatto diventare quello che sei, quindi parli del tuo passato, bello o brutto che sia. Furono loro a mettersi a parlare di sé, dei fratelli persi chissà dove, delle madri, dei padri, delle nonne, delle violenze, della strada, delle avventure alla ricerca di una vita migliore. Iniziai a raccogliere le loro storie su un quaderno, incoraggiata dal gruppo di amici italiani con cui facevo il campo e da padre Kizito, il primo a credere in questo libro.

Il pomeriggio ci sedevamo all'ombra, io con la penna in mano e loro con gli occhi fieri, e si faceva sera parlando, ricordando, a volte anche commuovendosi. Cercavano di parlare in un inglese corretto e forbito, ma quello che li divertiva e li entusiasmava di più era sapere che la loro storia avrebbe costituito il frammento di un libro. Trascrivevo tutto, ogni parola, memorizzavo ogni espressione del viso, ogni gesto, stupita di quanta saggezza potesse vivere dentro corpi così piccoli.

Non c'è nulla di inventato, nelle loro storie, non mi sarei mai permessa di violare i loro ricordi, di aggiungere tragedia a vite già così difficili da credere. Ho semplicemente filtrato e adattato ai gusti e alla lingua di un pubblico italiano i loro racconti, un po' come fanno i traduttori. Mi sono immedesimata in loro, dando voce alle loro parole, che non tutti avranno la fortuna di ascoltare dal vivo.

Se in Africa ti lasci andare, se hai voglia di capire e di ascoltare, diventi anche tu una specie di bambino di strada. La tua vita è stata un paradiso, al confronto di quella dei piccoli africani, ma è dentro che ti senti un bambino, è dentro che ascolti battere il cuore in modo così innocente, puro e trasparente che sai di nuovo sorridere con emozione infantile.

Così ho pensato che oltre alle storie degli amici africani, grandi e piccoli, sarebbe stato bello dare voce anche a quelle di qualche italiano, persone comuni che, dopo aver passeggiato per mano con i bambini di strada africani, sono diventate speciali, perché sono finalmente tornate bambine.

Non ho voluto far comparire i nomi dei bambini, perché le loro storie sono universali, tristemente simili a quelle di milioni di altri bambini di strada di tutto il mondo.

La mia unica speranza è che si sappia la verità, che si ascolti la loro voce, che nessuno dimentichi o faccia finta di non sapere che in molte strade del mondo ci sono bambini che non sono più bambini, ma che vorrebbero tanto esserlo.

C.M.

Ringraziamenti

Un ringraziamento speciale a padre Kizito, alle sue perle e ai suoi frammenti d'Africa, a Gian Marco, fedele e paziente compagno di vicissitudini editoriali, ad Amani, a Cristina per il prezioso supporto linguistico e al Suzuki Group per l'altrettanto prezioso supporto morale, agli ottimi supplenti Michele e Cristiana, a Petti per il coraggio.

Un grazie dal profondo del cuore ai bambini di strada che mi hanno lasciata entrare nella loro vita, per quanto dolorosa e privata, a Joseph per aver ritrovato il mio quaderno e a tutti i membri della comunità del Mthunzi, sempre ospitali, nonostante tutto.

Un grazie all'Editore per aver avuto fiducia in me e aver creduto con passione in Amani.

Noi bambini di strada

Una giornata al Mthunzi Centre

Tatatam.
Tatatam.
Tatatam.

La giornata al Mthunzi Centre comincia col risveglio del sole. Sono quasi le sei e i bambini sono già in piedi a suonare gli *ngoma*. Stanno aspettando il loro turno per entrare in bagno.

Si faranno una doccia e poi si riempiranno la faccia di vaselina. Hanno la pelle dura come il cuoio e la vaselina l'addolcisce e costa poco.

Prendono le loro divise bordeaux dalla cassettina di metallo, che dividono con qualche altro bambino, cercano le scarpe e i fortunati che trovano le proprie, nel mezzo di una montagna di scarpe nere tutte uguali, iniziano a lucidarle con le spazzole. Hanno una precisione quasi maniacale, sanno che i maestri della scuola, la Tubalange Basic School del quartiere di Kasupe, pretendono che gli scolari siano in ordine.

I più piccoli devono svegliarsi in tutta fretta, perché le loro lezioni a scuola cominciano alle sei o alle sette. Dopo di loro arriveranno a scuola i più grandi e via così, fino alle ultime classi.

Da loro le classi si chiamano *grade*. Se sei al *grade one* fai la prima elementare, se sei al *grade seven* la terza media, che poi sarebbe l'ultimo anno di scuola primaria. Mai associare però un'età a una classe: nel *grade two* ci possono essere un bambino di sette anni e uno di tredici, che magari non ha mai studiato in vita sua e finisce nella classe che più gli si addice.

Poi c'è la scuola secondaria, che arriva fino al *grade eleven*. Per i più volonterosi e per quelli che se lo possono permettere c'è pure il *college*. Ma è un privilegio di pochi.

Joseph e Raphael, i due educatori africani, controllano che ogni bambino sia vestito di tutto punto prima di salutarlo. Sono affettuosi come dei fratelli maggiori per i bambini del Mthunzi, ma sanno farsi rispettare.

I bambini cammineranno qualche chilometro, impolverandosi per bene tutte quelle scarpette nere lucidate a lungo. A scuola quasi sicuramente mancherà qualche maestro e loro torneranno a casa prima della fine delle due ore di lezione. Qualcuno tra i maestri avrà perso un figlio, un nipote, un fratello. Qualcuno avrà una moglie troppo malata per lasciarla sola.

Hanno una vita difficile, i maestri: spesso provengono da molti chilometri dalla sede della scuola e il loro mestiere passa in secondo piano se uno della famiglia sta male. Sono cose all'ordine del giorno. E chi può rimproverarli? Prendono uno stipendio da fame, che a malapena li fa sopravvivere.

Al Mthunzi, che in lingua *nyanja* significa «ombra, rifugio», c'è una comunità antica, tra le più longeve dello Zambia. Si chiama Koinonia, come direbbero gli antichi greci, ed è nata attorno a padre Kizito nel 1982.

Comunità significa condivisione e rispetto, quindi alle sei, assieme ai bambini, si svegliano tutti i membri delle famiglie che vivono al centro.

I bambini di strada sono arrivati molto tardi a Koinonia, nel 2000. Prima quattro, poi dodici e poi sessanta, così, di colpo. Colpa del governo che, per «pulire le strade» di Lusaka – dicevano proprio così, i capi del governo – e rendere la città più accogliente, prese a uno a uno i piccoli «straccioni» e li mandò in qualche centro. Li chiamavano *mishanga*, i bambini di strada, cioè «sigaretta», perché all'inizio della loro comparsa cercavano di sopravvivere vendendo sigarette sfuse. Quasi nessuno in Africa è così ricco da comprarsi un intero pacchetto di sigarette. Non facevano grandi affari, ma a volte riuscivano a mangiare.

Quando arrivarono a Koinonia si pensò di chiamare il centro Mthunzi, «rifugio» appunto, «riparo» per quei sessanta bambini con gli occhi rossi e lo sguardo perso nel vuoto. La droga li stava annientando.

Le piccolissime casette di mattoni abbracciano l'edificio più grande del Mthunzi, dove oggi dormono i bambini e gli educatori.

Ogni uomo ha una moglie e molti figli, il presidente ne ha addirittura nove. Sua moglie si lamenta un po' con le amiche, perché invidia quelle cui il marito, appena sposati, ha detto: «Cara, faremo solo due figli». Ma si lamenta col sorriso, mentre sgrana fagioli e mescola la *nshima* nel pentolone di ferro.

Edina, la cuoca del Mthunzi, è una forza della natura. Cucina per sessanta bambini e una trentina di adulti, oltre che per i suoi quattro figli e il marito, è magra come un giunco e ha un'energia fuori dal comune. Al mattino organizza la colazione per tutti i piccoli: tè, pane e un pastone simile al *porridge* inglese. Non fa a tempo a lavare le tazze e i piatti della colazione che già si aggira per l'orto alla ricerca di manioca per il pranzo.

Come ogni giorno, sarà un pranzo dalla preparazione lunga e complessa. Il fuoco faticherà ad accendersi, l'olio sarà finito, i pomodori marci, ma Edina non si demoralizzerà e ce la metterà tutta. Nessun problema.

Alle dodici e trenta gli uomini tornano dal lavoro e aspettano col piatto in mano nella grande sala del centro.

Le altre donne della comunità la aiutano in cucina, sedute all'ombra della *jacaranda*, parlottando dei loro mariti e preoccupandosi dei figli.

Attorno al Mthunzi ci sono ettari di terra. Una terra arida e assolata, che gli agricoltori come Ephraim continuano ad annaffiare con l'acqua che arriva dalla falda sotterranea che alimenta il fiume Congo. L'acqua scorre e penetra nel terreno, sempre assetato, mai soddisfatto. È una fortuna che ci sia l'acqua, dopotutto, anche se quando manca l'elettricità le pompe non funzionano.

Dopo la riunione mattutina delle sette tra i membri della comunità, durante la quale si decidono i lavori da fare nell'arco della giornata e si prega Dio, cantando, ballando e battendo le mani, che conceda di stare bene e di portare a termine i progetti quotidiani, tutti si smistano nei luoghi del lavoro.

C'è da dare una pulita alla porcilaia e al pollaio, anche se di porci e polli ormai c'è solo l'odore stantio, da preparare il pranzo e scaldare le braci per la *nshima*, c'è da dirigersi velocemente alla clinica, dove una fila di malati, uomini e donne coi bambini arrotolati dietro la schiena nel pareo dai mille colori attendono pazientemente, magari da tre ore, che il medico li visiti.

Da quando esiste la clinica al Mthunzi le strade polverose e rosse che portano al centro sono sempre trafficate di pedoni. Nessuno, prima d'ora, poteva curarsi, nessuno pensava ci fosse qualcuno pronto a darti il farmaco più economico per la malaria, che ogni anno fa strage di zambiani. Tanto per dare il colpo di grazia, il Ministero della Sanità l'anno scorso ha aumentato il costo dei medicinali per guarire la malaria, eliminando la clorochina a favore di prodotti a base di artemisia. Curarsi è un vero salasso.

Le infermiere sono in gamba e lavorano tutto il giorno. Un neonato in grembo alla madre attende il suo turno dal medico. Gli si è rovesciata addosso una pentola d'acqua bollente. Urla e si contorce. È la reazione istintiva e naturale al dolore, ma solo i piccoli piangono. Qui si muore di tutto, di raffreddore, di piccole ferite. Con una clinica c'è possibilità di salvarsi. Nessuno tra gli adulti si lamenta. Alle loro ferite terribili non corrisponde una contrazione del viso. Sopportano. Hanno sempre sopportato.

Nella carpenteria invece c'è Valentine, il vice presidente della comunità, che insegna il mestiere del falegname ai tanti ragazzi della zona che si sono iscritti alla scuola di carpenteria. È un lavoro che forse farà guadagnare qualcuno e che probabilmente lo farà fuggire da Kasupe, ma è un rischio da correre. Con un diploma in mano puoi essere qualcuno, in Africa.

Dalla carpenteria arrivano il rumore delle seghe, trapanate assordanti e tonfi di assi di legno, assieme a un vociferare allegro che al Mthunzi non manca mai. Il silenzio, solitamente, è causa di preoccupazione.

Lavorare significa sposare la fatica con le chiacchierate, alternarsi all'uso di un attrezzo o di un altro, perché di attrezzo ce n'è uno solo, ma le braccia sono tante. Allora ci si fa compagnia, rendendo ogni sforzo meno pesante.

L'unico che svolge un lavoro amministrativo è Oscar, il presidente. Tutti lo chiamano «Special» e ha il controllo generale della situazione. Gli piace farsi chiamare «Special». Quando lo chiamano col suo soprannome gli si spalanca un sorriso che riempie la sua faccia.

La sua vita è molto diversa da quella degli altri membri. Ogni mattina, dopo la riunione, parte con una macchina sgangherata e un autista occasionale della comunità alla volta della città. A Lusaka deve sbrigare faccende burocratiche e amministrative, deve fare la spesa per la comunità, ogni giorno, perché non ci si può permettere di fare scorte. Si pensa all'oggi e mai al domani. Spesso torna tardi, quando gli altri hanno finito di pranzare e sono già al lavoro. I motivi sono sempre gli stessi: la macchina si è rotta, ha bucato, è andata in pezzi la coppa dell'olio, è finita la benzina. Cose normalissime in Africa, basterebbe vedere le strade da rally e le macchine. Macchine, o meglio reperti da sfasciacarrozze.

L'importante è prenderla con filosofia. E gli africani in questo sono i più grandi filosofi esistenti.

I bambini non pranzano con gli adulti, ma a orari diversi, a seconda del loro ritorno dalla scuola. Un piattone di *nshima* accompagnata alternativamente da fagioli, *kapenta*, *lepu*, manioca, mangiato con le mani e subito lavato sotto l'acqua. Qualche minuto di pausa anche per loro, due manate sullo *ngoma*, qualche tiro a quella specie di pallone sgonfio da secoli, e poi l'odiato momento dei compiti.

Gli educatori ogni sera controllano i quaderni per vedere se i bambini hanno finito gli esercizi: è il tragico momento della verità. La tecnica dell'imboscata ormai non funziona più.

Il pomeriggio al Mthunzi è assai movimentato. Il cortile si riempie di ragazzini, che sostengono di aver finito i compiti, di uomini che tornano dai campi e dalla falegnameria. Si siedono per terra, sulle radici degli alberi, e parlano. Arrivano le donne dei villaggi vicini per il corso di sartoria, con stoffe multicolori sotto il braccio e parei cinti in vita.

Spesso assieme a loro ci sono anche le *mama* del villaggio di Chicondano, un villaggio poverissimo, una specie di baraccopoli senza baracche, perché in Zambia invece che le lamiere si usano le pietre e il fango. Se arrivi a Chicondano la prima cosa che noti è che ci sono una marea di bambini e molte donne. Di uomini nemmeno l'ombra. Sono tutti in città, disperati, perduti, a ubriacarsi in qualche taverna. Le donne sono sole. Senza di loro tutti quei bambini non potrebbero sopravvivere.

Il Mthunzi le aiuta e ha progettato un piano di microcredito, così possono avere un pezzo di terra da coltivare e un po' di verdure da mangiare. Anche i figli di queste donne vengono supportati, attraverso il programma di assistenza degli *home-based*, ossia quei bambini che risiedono a Chicondano ma che non hanno un soldo. A loro il Mthunzi paga la scuola e il materiale scolastico. Il sabato arrivano tutti al Mthunzi da Chicondano, accompagnati da un parente, per una grande festa. Sono giornate da non perdere.

Nel cortile, di pomeriggio, ci sono panni dappertutto, schiuma di sapone e piccoli lavandai che strofinano la divisa scolastica o quella maglietta che è durata solo tre giorni. Che poi non viene mai pulita un granché: non è facile lavare con un sapone in crema che non fa schiuma e colora di blu o di rosa. Stendono sui fili i loro due vestiti in croce e fanno a gara a chi pulisce meglio quella macchia impossibile. A forza di lavare con tanta energia consumano le magliette. Raro vedere un bambino africano con una maglietta senza strappi, come fosse una moda.

Il buio arriva presto e col calar della sera gli adulti rientrano in casa, dove li aspettano mogli indaffarate a preparare la cena e bambini che strillano e ruzzolano per terra. Le luci delle case si accendono, ad allestire un presepe in miniatura. E se manca la luce tutto tace nel silenzio della penombra. È il momento più intimo della giornata.

I bambini mangiano alle diciotto, per la terza volta in una giornata, quello che la cuoca ha preparato. Sono bambini fortunati, intelligenti perché possono nutrirsi. Alla Tubalange Basic School sono i migliori della classe perché non mangiano, se va bene, solo *nshima* e pomodori.

Si accende qualche candela, se l'occasione è speciale, e se si mangia nel cortile si vedono solo gli occhietti bianchi e furtivi dei bambini che ingurgitano quantità incredibili di polenta bianca. A volte ti chiedi come diavolo fanno, magri come sono, a mangiare così tanta polenta, che ti gonfia la pancia come un barile. Loro ti dicono che bisogna mangiare più che si può, perché non sai se domani il cibo ci sarà. La strada insegna tante cose.

È l'ora della preghiera, tutti in cerchio nel cortile. Qualcuno avanzerà di un passo, con gli occhi chiusi e le manine incrociate, e chiederà a Dio di proteggere gli amici del Mthunzi, le persone che non ci sono più e il vago ricordo che ha della sua famiglia. Gli altri ripeteranno in coro «amen».

Mentre nelle case si mettono a letto i figli, e moglie e marito potranno finalmente stare un po' da soli, i sessanta bambini del Mthunzi si lavano le mani e corrono a letto.

Da qualche anno ci sono i letti a castello, costruiti dai ragazzi della falegnameria, e anche se si dorme in due sullo stesso materasso la cosa importante è averlo, quel materasso. Prima si sdraiavano tutti per terra, sopra uno stuoino, con qualche coperta e il freddo della terra che penetrava dentro le ossa e non lasciava dormire.

Nei loro sogni ci sarà un mondo nuovo, il serpente pericoloso stanato dalla buca con un sasso, il grande camion visto passare sulla via del ritorno – quel camion che molti piccoli sognano di guidare da grandi – i genitori che chissà dove sono finiti, la ragazzina antipatica della classe che fa la smorfiosa ma che è tanto carina, la musica di quel rapper famoso che avrà soldi a palate e catene d'oro al collo.

O forse dormiranno come sassi, coprendosi fin sopra la testa con la coperta di lana infeltrita nella speranza che nessuna zanzara li punga, che poi arriva la febbre e quel malessere diffuso che non ti fa dormire e ti fa sudare come un animale.

Ma finalmente la malaria sarà l'unico pericolo da cui difendersi, in questa notte. Finalmente nessuno potrà far loro del male.

Se sei triste in strada sei triste ovunque

Se sei triste in strada sei triste ovunque. Non importa dove stai. Non importa dove vivi. Se sei triste fisicamente non puoi farci niente. Non esiste rimedio alla tua tristezza.

Chi può ridarmi mia madre? Chi è in grado di ridarmi mio padre? Se sei solo al mondo, sei triste fisicamente. Non serve parlarne. Nessuna parola saprebbe esprimere il tuo dolore.

Ho perso i miei genitori tanti anni fa. Mio padre, quando nacqui, non mi riconobbe. E se ne andò. Disse a mia madre che io non ero suo figlio e la lasciò sola, con me in braccio.

Abitavamo a Sinya, vicino Ndola. Fu mia madre, con grande dolore, a raccontarmi che mio padre mi rinnegò. Quando parlava di lui, sui suoi occhi scendeva un velo di malinconia.

Forse fu colpa mia se lui se ne andò. Ma ero troppo piccolo per avere sensi di colpa.

Vissi sempre con mia madre e mia nonna. Ero figlio unico. Nel *compound* non studiavo, non c'erano soldi per mandarmi a scuola. Mia madre lavorava nel mercato più grosso di Sinya, vendeva frutta e pesce. Per fortuna c'erano mio zio, che ogni tanto ci veniva a trovare e ci aiutava ad andare avanti, e la mia giovane zia, che si prendeva cura di me mentre mia madre lavorava.

Giocavo, mangiavo quando potevo, dormivo. Fino a dieci anni ho vissuto così.

Poi mio padre, che aveva il mio stesso identico nome, tornò sui suoi passi. Mio nonno mi guardò bene in faccia. Mi prese il volto tra le mani e disse: «Sei uguale a tuo padre».

Quel padre che io non avevo mai visto. Il nonno andò da suo figlio e lo obbligò a venire da noi, nella vecchia casa. Papà venne e mi guardò a lungo, in silenzio. Capì che si era sbagliato, che io ero sangue del suo sangue, che io ero davvero suo figlio e non un bastardo come credeva. Tornò a vivere a casa e il viso di mia madre si riempì di gioia.

Mio padre aveva un buon lavoro, era il direttore di un famoso hotel di Ndola. Per il breve tempo che rimase a casa con noi, la nostra vita cambiò molto. Io cominciai ad andare a scuola, si mangiava regolarmente e si respirava un'atmosfera più serena. Durò poco. Qualcuno volle rompere la nostra felicità, facendo del male a mio padre.

Non perdonerò mai quella persona per avermelo rubato di nuovo, quando finalmente potevo avere una famiglia vera.

Papà si ammalò e iniziò a star male, sempre peggio. La mattina, fuori dalla porta di casa, proprio davanti all'uscio, trovavamo sempre delle bottiglie vuote di medicine o di qualche strana pozione. Era un segno che qualcuno gli stava facendo del male. Mio padre aveva il malocchio.

Eravamo certi che la colpa fosse di un suo collega che, geloso della sua promozione sul lavoro, voleva eliminarlo. Il male aumentava di giorno in giorno. Papà andò in ospedale ma i medici non gli trovarono niente. Allora andammo dallo stregone, che svelò l'identità dell'uomo che gli aveva lanciato il malocchio. Disse che costui era un amico, una persona di cui mio padre si fidava molto e che gli stava facendo del male per invidia.

Papà morì.

In casa scoppiò un uragano. Tutti i parenti volevano avere spiegazioni sulla morte di papà e andarono in albergo chiedendo dove fosse quell'uomo cattivo. Lo trovarono e gli chiesero perché avesse ucciso mio padre. Lui negò tutto e, per giustificarsi, disse che non avrebbe mai fatto del male a un amico. Pochi giorni dopo quell'uomo scomparve dalla circolazione. Fu un mistero.

Il più infuriato era il nonno. Non accettava che un uomo

buono come mio padre avesse perso un figlio e una moglie per una cosa del genere, per sporca e misera invidia. Il nonno voleva vendetta per suo figlio e lo gridava ai quattro venti. I parenti lo tenevano calmo e gli assicuravano che Dio avrebbe saputo cosa fare.

Io e mia madre, in lacrime, andammo all'hotel per parlare col capo di papà e spiegargli la nostra drammatica situazione. Papà era morto, noi non avevamo più niente per vivere. Il capo fu molto buono con noi e ci aiutò, perché ammirava mio padre e lo riteneva un uomo dal cuore grande e un lavoratore bravissimo.

Per riconoscenza ci regalò una casa a Ndola, molto lontana da quella dove stavamo. Una casa molto grande ma senza luce. Quella dovevamo pagarla noi. Ma noi non avevamo più un soldo. Il poco che avevamo da parte era stato speso per il funerale di papà.

Non potemmo mai andare a vivere in quella bella casa. I soldi per l'elettricità non c'erano. Anche quel sogno svanì.

Mamma si ammalò. Non mangiava più, non dormiva, non parlava. Passava tutto il giorno a guardare il vuoto, con gli occhi fissi, come volesse perforare i muri. Piangeva sempre e nominava mio padre. Suo marito le mancava tanto. Troppo.

Io le dicevo di dimenticare, di andare avanti, di non soffrire più. Le dicevo: «Mamma, ci sono io». Mi faceva male vedere mia madre in quello stato e capivo che le mie parole erano come il vento. Non la colpivano, non le ascoltava.

Nonna veniva a casa nostra e la sgridava, diceva che non poteva lasciarsi andare così, che aveva un figlio da crescere. Ma lei era sorda a tutto. Nella mente c'erano solo suo marito e l'amore che provava per lui.

Durò solamente poche settimane. Mamma si lasciò morire. Senza opporre resistenza. Il dolore l'ha sopraffatta e uccisa.

Mentre mia madre moriva, io stavo giocando a pallone nel *compound*. Un bambino è venuto da me e mi ha detto che mamma era morta. «Non è vero! Cosa stai dicendo? È una bugia!», urlai. Ma il bambino continuava a ripetere: «Tua madre è morta». L'ho picchiato, mi stava prendendo in giro ed era uno scherzo cattivo. Ma dentro di me avevo paura che fosse vero.

Sono corso a casa e tutti piangevano, piangevano e piangevano. Mamma era morta davvero.

Sono corso al fiume, senza guardare in faccia nessuno. Sono corso al fiume e mi sono buttato nell'acqua. Mio zio mi ha tirato fuori e non mi ha permesso di morire. «Cosa posso fare se non ho più nessuno? Non ho più un padre, non ho più una madre, che senso ha la mia vita?».

Ero disperato. Cosa vivevo a fare? Se non potevo morire, almeno volevo continuare a vivere a casa mia, da solo. Ma ero troppo piccolo e nonna mi prese con lei.

Non avevamo un soldo. Ogni mattina andavo a piedi a Ndola con un amico, Steve, per cercare qualcosa da mangiare. È lui che mi ha insegnato a far soldi. Si custodivano le auto nei parcheggi, si lavavano le macchine. Si guadagnava bene ma non portavo mai i soldi alla nonna. Magari portavo qualcosa da mangiare. Lei non voleva che lavorassi in città.

Coi soldi guadagnati facevamo gli scemi. Abbiamo comprato una macchina fotografica e ci scattavamo le foto in pose da culturisti, mettendo in bella vista i muscoli. Ci divertivamo con poco.

Ogni tanto tornavo a casa a dormire ma col tempo ho perso l'abitudine di rientrare, perché gli altri amici dormivano tutti in strada. E ci sono finito anch'io.

Bevevo birra forte. Ho cominciato a bere perché Steve mi diceva: «Se bevi birra dimentichi tutto, dimentichi il passato e la famiglia». Ho bevuto e ho dimenticato tutto, per un momento. Solo per un momento.

Gli altri ragazzi compravano anche sigarette e droga. Io no. Avevo tredici anni e non volevo drogarmi.

Nonna era preoccupata per me e mandava le persone in città a cercarmi. Le pagava come poteva e sperava che tornassero con notizie del suo unico nipote. Quando incontravo queste persone dicevo che non volevo tornare a casa e loro raccontavano alla mia povera nonna che non mi avevano trovato.

In strada ho fatto amicizia con molti ragazzi. Pochi mi sono rimasti nel cuore. C'era un ragazzo di Sinya che abitava vicino a casa mia. Si chiamava Mutale. Steve mi raccontava che questo Mutale andava in giro dicendo che io ero uno stupido. Io non l'avevo mai visto in faccia, ma avrei tanto voluto conoscerlo per dargli una bella lezione. Lo odiavo. Come si permetteva di andare a dire che ero uno scemo?

Il giorno in cui ci siamo incrociati, io e Mutale, abbiamo fatto a botte. Poi ci siamo salutati da persone civili e abbiamo scoperto che Steve diceva le stesse cose a lui. Diceva che io lo credevo uno stupido e anche lui, ovviamente, mi odiava. Siamo diventati amici. Migliori amici. E abbiamo picchiato quel falso di Steve.

Stavamo in un gruppo, i «Sinya boys». I nomi dei gruppi dei ragazzi di strada nascono dalla zona o dalla città da dove provengono i ragazzi. Eravamo cinque o sei.

Il nostro leader era già stato a Lusaka e ci diceva che dovevamo assolutamente andarci anche noi, che lì si stava bene e giravano molti soldi. Quasi ogni giorno progettavo il viaggio per Lusaka.

Una mattina abbiamo deciso che era il giorno giusto per partire. Siamo saliti sul treno senza biglietto e abbiamo detto al controllore che eravamo i figli del presidente Kaunda. Era una delle scuse più usate, da noi bambini di strada, per non farci buttare giù dal treno.

Arrivati a Lusaka ci siamo diretti subito al centro di prima accoglienza per ragazzi di strada della città. Un posto brutto, dove i bambini si picchiano, dove si va e si viene senza che nessuno dica niente. Lì però c'era un ragazzo soprannominato «Mandola», un boss che veniva da Ndola e difendeva tutti i piccoli della sua città. Eravamo al sicuro.

Siamo rimasti qualche settimana a Lusaka. Chi stava da più tempo nella capitale ci insegnò come far soldi per la strada. Gira e rigira il modo era sempre quello, quello che avevo imparato a Ndola. O elemosinavi o facevi qualche lavoretto.

Stare in quella città, però, non mi piaceva. Per sette volte ho fatto avanti e indietro tra Lusaka e Ndola. Le scuse per il biglietto col controllore erano sempre quelle. A volte ci andava bene, a volte no e si doveva scendere.

Io e Mutale, quando tornavamo a Ndola, eravamo i più esperti della grande città. Siamo diventati dei leader. Tutti ci rispettavano e si fidavano di noi. Abbiamo cominciato a organizzare viaggi in treno per la capitale per i ragazzi di strada più piccoli. Ne portavamo sei o sette alla volta, ma io facevo i viaggi di lunedì e Mutale di mercoledì. Ci incontravamo solo nei giorni di permanenza a Lusaka. Io e il mio migliore amico ci siamo allontanati molto, in quel periodo.

L'ultima volta che sono tornato a Ndola ho deciso di andare a trovare mia nonna. Era molto preoccupata per me, ma felicissima di vedere che ero vivo. Da quel giorno non l'ho più vista.

Fu in quell'ultimo viaggio che seppi che Mutale si era trasferito definitivamente a Lusaka con altri sette ragazzi. Ne portai sei con me e partii anch'io per la città, deciso a vivere per sempre in strada.

A Lusaka ero noto come «Rasta boy». Avevo le treccine ai capelli e tutti mi conoscevano, almeno di nome. Però lì non diventai un capo.

Dormivo spesso nella stanza di un guardiano d'albergo, che a volte mi faceva pagare qualcosa, a volte mi regalava il pernottamento, oppure in stazione o dove capitava. A Ndola invece passavo tutte le notti dietro a una macelleria che aveva un ripostiglio segreto. Una città più piccola è più sicura, se vivi in strada.

In quegli anni a Lusaka capitarono molte cose. Mi drogai una sola volta. Quel giorno io e Mutale siamo andati in un posto isolato, vicino alle rotaie del treno. Avevamo due sigarette di *dagga*, una grande e una piccola. Mutale ha fumato quella grande, lui era abituato. Io ho fumato quella piccola perché non avevo mai fumato niente. L'effetto è stato immediato. Mi sembrava di volare, tutto era strano, vedevo i binari che si univano e chi camminava mi appariva tutto deformato. Le persone si muovevano stranamente, come se ballassero, e Mutale, che camminava dietro di me, lo vedevo fermo, immobile. È stata la mia prima e ultima volta di *dagga*. Avevo tanta paura. Non mi piace ricordare quel giorno. Non avevo più il controllo di me.

Tornati al centro di prima accoglienza di Lusaka gli educatori si sono accorti che ci eravamo drogati e hanno picchiato Mutale. Io urlavo di non farlo, che era colpa mia, che ero stato io a voler provare. Ma l'hanno picchiato lo stesso. Ero davvero dispiaciuto. Non l'avrei più fatto. Mutale è come un fratello per me.

In strada succedono tante cose che non vorresti. Se non sei felice puoi fare delle cose che non sono tue. La vita di strada è buona e cattiva allo stesso tempo. Se sei giovane pensi che sia buona, se sei grande non più. Se sei piccolo e nessuno ti protegge soccombi.

La vita di strada non è fatta per i bambini piccoli, quelli senza protezione. Ci vogliono sempre dei gruppi e dei supporti. Non puoi mai permetterti di stare da solo. Rischi di finire male. In compenso però in strada i grandi ti danno soldi per vivere, ma tu in fondo sai che non ti basta. Non ti basta per stare bene. Mangi, dormi, ma non stai bene.

A me, sopra ogni altra cosa, mancava la nonna. Per il resto non pensavo a niente.

Ci sono anche delle ragazze di strada, oltre ai ragazzi. Stanno per lo più da sole e hanno orari diversi dai tuoi. Si drogano molto, molto più dei ragazzi. Ce n'era una che era molto amica mia, che stava con noi maschi perché si comportava come un ragazzo. Fu attraverso questa ragazza che a Lusaka ritrovai Mutale, che dormiva all'Hungry Lions. Da quando ci riunimmo rimasi sempre con lui.

Fu proprio davanti all'Hungry Lions, dove dormivamo quasi tutte le notti, che io e lui incontrammo Odadi per la prima volta. Ci disse che al Mthunzi Centre c'erano aerei, biciclette e macchine da guidare. «Wow! – pensai – Finalmente potrò guidare un aereo!».

Credevo fosse vero: avevo quattordici anni e credevo a tutto. Oggi che ne ho diciassette non ci crederei più.

Mutale non voleva seguirmi, perché temeva che ci volessero uccidere. Io invece ero elettrizzato e curiosissimo. Lo convinsi e salimmo tutti e due sulla macchina dorata col logo del Mthunzi Centre.

Durante il viaggio io e Mutale parlavamo in *bemba*, così Odadi, che non era zambiano, non capiva. Facevamo piani su come uscire dalla macchina, scappando dal finestrino, se ci avessero voluti uccidere.

Per prima cosa abbiamo visto l'erba. Tantissima erba, alta come non l'avevo mai vista. Poi una stradina stretta circondata da piante alte. Un ponte. Una casa. «Ma dove stiamo andando? Dove siamo finiti? Dove ci stanno portando?». Avevamo una gran paura.

Arrivati qui c'erano altri ragazzi. Ci siamo fermati a parlare con loro. E la nostra vita al Mthunzi Centre è cominciata.

Dopo qualche tempo abbiamo visto in televisione un servizio sui ragazzi di Ndola. Io ho visto la mia casa. Ero emozionatissimo. La mia casa! Mi è venuta una gran voglia di tornarci, così la notte, prima di dormire, io e Mutale abbiamo organizzato il ritorno a casa. Saremmo partiti all'alba del giorno dopo e avremmo raggiunto Ndola a tutti i costi.

Ci siamo alzati alle cinque di mattina, dormendo con un occhio aperto per non addormentarci davvero e dandoci delle pacche se l'altro si addormentava. A piedi siamo andati verso la città.

Arrivati a George incontriamo uno della comunità che ci chiede dove stiamo andando a quell'ora di mattina.

E noi: «A casa!».

«Ma non avete un mezzo di trasporto, non avete soldi né niente di niente!», ha riso lui.

«Non preoccuparti per noi: sopravviveremo!», gli abbiamo risposto.

«Almeno prendete la mia giacca per ripararvi dal freddo», ci ha detto.

Il freddo, e chi ci aveva pensato? Alla fine ci ha convinti e siamo tornati al Mthunzi Centre.

La vita di strada non è molto diversa da questa, ma ora c'è la scuola, che è una cosa meravigliosa, ancora di più se hai diciassette anni come me e puoi costruirti un futuro. Il mio sogno adesso è quello di diventare un pilota. Piloterò un aereo e avrò una grande casa per raccogliere e proteggere i tantissimi ciechi che ci sono in giro. Si aiutano sempre i piccoli, ma i ciechi non li aiuta mai nessuno.

Ora quando mi capita di incontrare ragazzi di strada, ammutolisco. Mi viene un nodo in gola e non riesco a spiccicare una parola. Sento che vorrei piangere. Mi fa male anche solo guardarli. Ricordo tante cose. E sento quella tristezza fisica che si fa spazio nel mio cuore.

Quella tristezza per cui non c'è medicina. Quella tristezza che rimarrà sempre dentro me.

Un boss in strada ha vita facile

Un boss in strada ha vita facile. A Ndola io ero un boss. Ero conosciuto da tutti e mi portavano rispetto. Se sei famoso non hai nessuna difficoltà.

Avevo solo cinque anni quando finii in strada, ma sapevo giocare bene a carte. La bravura nel gioco e la mia autorità stupivano e impressionavano gli altri ragazzi, che pensarono fossi il tipo giusto per diventare un capo.

Capitai in strada quasi per caso.

Era un giorno del 1991. Uscii di casa per cercare soldi. Chiluba era stato eletto da poco presidente. Incontrai un ragazzo di nome Peter a un baracchino, con tanti soldi in mano. Li stava contando. Gli chiesi un po' di denaro perché avevo fame, volevo solo 100 *kwacha*. Peter mi diede appuntamento per il giorno dopo, a quel baracchino, alla stessa ora. Faceva vita di strada da molto tempo e aveva sempre molti soldi in tasca. Mi disse: «Ci vediamo domani e ti insegnerò come guadagnare bene».

Il giorno dopo sono arrivato in anticipo all'appuntamento. Quando è arrivato anche Peter siamo subito andati all'uscita del supermercato e mi ha insegnato come chiedere l'elemosina. Per prima cosa mi ha spiegato le parole giuste da dire, per commuovere i passanti ed essere credibile.

La lezione numero due consisteva nell'elencarmi le regole della strada.

Le prime volte che chiedevo la carità mi vergognavo come un cane. È difficile chiedere soldi a persone che non conosci, che vedi per la prima volta. E poi sono un ragazzo orgoglioso.

Il primo giorno Peter mi rimase vicino, poi cominciai da solo. Tiravo su qualcosa e portavo tutto a casa, da mia madre. Mantenevo io la mia famiglia. A casa, ogni sera, mi aspettavano mia madre e mio fratello. Mamma era molto malata. Prima della malattia vendeva frutta al mercato di Ndola ma un giorno, all'improvviso, le venne un rigonfiamento alla caviglia e non riuscì più a camminare né a lavorare.

Sono originario di Unkuasi, vicino Ndola, e mio padre morì molto presto. Papà faceva la manutenzione delle strade, buttava il catrame per asfaltare. Un giorno arrivò a casa dal lavoro prima del solito. Aveva una faccia terribile. Disse a mia madre che stava male, che gli dolevano la testa e lo stomaco. Si mise a letto con i crampi. Provava un dolore fortissimo. Non riusciva nemmeno a parlare.

Il giorno dopo non andò a lavorare. E soffrì in casa.

Il giorno dopo ancora lo portammo in ospedale a Ndola ma nel giro di tre giorni morì.

Mia madre si ammalò subito dopo la morte di papà. Tutto pesava sulle spalle mie e di mio fratello. Non avevamo soldi. Non riuscivamo a pagare la bolletta dell'elettricità e ci venne subito tolta la luce. Stavamo al buio. Non avevamo cibo né acqua.

I nostri parenti, fino a qualche mese prima, gravavano su di noi, perché i miei genitori erano gli unici della famiglia a lavorare e a potersi permettere di aiutare gli altri. Era giunto il momento di invertire i ruoli. Erano i nostri familiari a dover aiutare noi, ma nemmeno loro avevano di che mangiare. Non sapevano in che modo mantenerci.

Fu per questo che presi la via della strada. Elemosinando, almeno, qualcosa compravo e mamma poteva permettersi di cenare ogni tanto.

La strada però ti risucchia e un po' alla volta tu non sai porti freni. Ho cominciato a non tornare più a casa, a girare per la città. Abbiamo formato una banda, i «Mutale's group», di cui ero il capo. Mi sono scelto i ragazzi più forti e ho eletto due vice capi. Il mio gruppo era imbattibile.

Tutti gli autisti di taxi di Ndola mi conoscevano bene e avevo la loro protezione, così se qualcuno faceva del male a me o alla mia banda andavo da loro e spifferavo il nome del colpevole. Erano loro, poi, a farla pagare ai miei nemici. In cambio io facevo dei lavoretti per loro, pulivo le macchine, i vetri e andavo a prendere la benzina.

A nove anni ero un capo indiscusso e ho smesso definitivamente di tornare a casa.

Se sei un boss famoso devi tenere tutto sotto controllo, non puoi permetterti di allontanarti o di sparire per una giornata intera.

Avevamo la nostra casa, un buco nel muro dietro un negozio di scarpe e vestiti. La chiamavamo proprio così: la «nostra casa».

Le giornate per me, che ero il capo, passavano diversamente che per gli altri. Erano scandite dalle droghe e dall'alcool. Cominciavo la mattina con lo *stick*, un tipo di colla liquida del colore dell'acqua. Si vende in tutti i quartieri, ne compri molta e la dividi con gli altri ragazzi del tuo gruppo. Lo *stick* ha effetti micidiali e costa caro. Ti dà una sensazione di onnipotenza, senti tutto in modo potentissimo, ti senti importante e grande, molto più grande degli altri che sembrano piccoli come formiche. Quando sniffi lo *stick* sei fortissimo.

Poi bevevo *chibuku*, che è una birra locale fatta in casa. Compri un contenitore di plastica pieno di *chibuku* e ne bevi finché riesci.

La *dagga* è meno forte dello *stick* e la fumi, è una specie di marijuana. Quando fumi *dagga* senti una coperta che ti avvolge, inizi pian piano a percepire caldo e se la fumi prima di addormentarti stai bene per tutta la notte. Non ti accorgi del freddo, della fame o della paura.

Per rilassarmi, la sera, fumavo *Peter* e *Constable*, delle sigarette senza filtro che servono a farti dormire, molto leggere rispetto alla droga.

Ogni giorno assumevo queste cinque sostanze.

Da quando sono diventato un boss non ho più dovuto fare l'elemosina. Piuttosto organizzavo i componenti del gruppo, li smistavo e dicevo loro cosa dovevano fare. Era semplice, bastava organizzare per bene la giornata di ognuno e controllare che tutti facessero il loro dovere. Andavo in giro per la città e osservavo come si comportavano. Mi avvicinavo a ognuno con carta e penna e chiedevo: «Quanto hai preso oggi? Come ti chiami? Dammi il tuo nome». Fingevo di annotare sul foglio i dati e il guadagno di ognuno per ogni giornata. Ma non sapevo scrivere. Facevo finta, per darmi una certa autorità, tanto nemmeno gli altri sapevano scrivere e nessuno si accorgeva del trucco. Volevo mantenere il mio potere sugli altri e gestire a modo mio la banda. In effetti mi credevano.

Coi soldi che i ragazzi mi portavano compravamo della droga, per passare bene la notte e sopravvivere al giorno.

Non portavo più nessun soldo a casa, ma a volte tornavo lo stesso da mia madre. Era molto preoccupata per me e stava sempre peggio. La caviglia era sempre più grossa. Mio fratello restava tutto il giorno in casa con lei. Ma anche lui non stava molto bene. Mi ferì molto vederli così, ma non sapevo che fare per aiutarli. Per non soffrire ancora non andai più a casa.

Il mio pensiero però ogni tanto si rivolgeva a loro e a Natale, quando guadagnai molti soldi, grazie alle elemosine che i ragazzi del mio gruppo mi portarono, corsi a casa.

A Natale le persone sono molto gentili e in strada ti danno tanti soldi.

Arrivai a casa, regalai tutto a mamma e dormii lì. Mamma stava malissimo e si lamentò tutta la notte. Urlava e piangeva di dolore. Un vicino di casa sentì le urla e accorse. Entrò in casa e chiese a me e a mio fratello di uscire dalla camera. «Devo parlare da solo con vostra madre», ci disse.

Poco dopo uscì con la mamma in braccio e la portò nella clinica del *compound*. Seguimmo in silenzio il nostro vicino in clinica e ascoltammo con attenzione le parole del medico: «La signora è molto grave, non possiamo fare niente per lei. Morirà».

Le persone però non possono morire in clinica, per cui arrivò un'ambulanza che la condusse in ospedale. L'arrivo dell'ambulanza era merito mio. Avevo tanti soldi in tasca e potevo pagarla in contanti. Senza soldi l'ambulanza non arriva, neanche se stai per morire.

In ospedale mamma rimase solo una settimana. Poi morì. Aveva trentadue anni. La curarono, ma non c'era più nulla da fare.

Quando era in ospedale, andavo a trovare mamma ogni giorno e le portavo qualcosa da mangiare, che compravo coi soldi della strada. Quando morì avevo finito tutti i soldi.

In strada ormai non andavo dalla notte di Natale e mi ero riproposto di tornarci, almeno la mattina, per guadagnare denaro e continuare a portarle qualcosa nel pomeriggio. Non feci in tempo. Mamma morì la sera prima del mio ritorno in strada.

Fu un periodo bruttissimo. Non avevo più un soldo e non sapevo come comprare la bara. Per fortuna il fratello di mio nonno aveva qualcosa da parte e ci pensò lui. Se non fossimo riusciti a seppellirla sarei morto di dolore.

Tornai in strada, col cuore che mi faceva male.

Ricominciai la vita di sempre, tra droga e birra.

Poco dopo, nel 1993, la nazionale di calcio zambiana salì su un aereo per una partita fuori nazione, fece scalo in Gabon e qui ebbe un incidente mortale. Si diceva che sull'aereo fosse stata messa una bomba. In città non si parlava d'altro. Morirono tutti i giocatori dello Zambia e per la celebrazione dei funerali pubblici ci furono tre giorni di viaggi in treno gratuiti, diretti alla capitale. Da ogni città dello Zambia partivano dei treni speciali in modo che la popolazione potesse assistere ai funerali dei calciatori a Lusaka. La notizia correva di strada in strada e di bocca in bocca.

Senza pensarci due volte mi organizzai per partire anch'io.

Scelsi cinque dei ragazzi della mia banda perché restassero di guardia alla «nostra casa» e partii con gli altri alla volta di Lusaka. Con me c'era anche un nuovo ragazzo di strada, Jackson, che oggi è il mio migliore amico.

Tutti i viaggiatori dovevano passare per un cancello e subire i controlli della polizia prima di salire in treno. Forse c'era paura di un'altra bomba. Noi eravamo ragazzi di strada e non ci avrebbero mai concesso di salire sul treno. Non ci siamo scoraggiati e abbiamo creato un buco nel filo spinato di recinzione, dove passare per arrivare ai vagoni. Uno alla volta siamo sgattaiolati dentro la stazione: eravamo ragazzi magri e piccoli. Passavamo dappertutto.

Una volta saliti sul treno ci siamo divisi, per non dare nell'occhio. Ma abbiamo subìto tutti la stessa sorte. Picchiati a sangue. Qualcuno steso a pancia in giù, qualcuno in piedi, qualcuno supino, qualcuno con la maglia, qualcuno senza maglia. La polizia ci ha riempito di botte coi manganelli. Non ci hanno ascoltato, quando abbiamo detto che eravamo di Lusaka e che dovevamo andare dai nostri genitori.

Avevo spiegato a tutti quelli della banda cosa dire e come comportarsi se qualcuno li avesse fermati. Ma la polizia con noi fu spietata. In molti siamo scesi, pieni di botte. Sul treno successivo i controllori ci hanno permesso di arrivare a Lusaka.

Scendere alla stazione e vedere Lusaka ebbe su di noi un effetto fortissimo. Era una città enorme e affollata e giravano tanti soldi.

Ci avevano raccontato che a Lusaka si stava meglio, che c'era più gente e che molti erano ricchi, per questo avevo deciso che parte del nostro gruppo doveva andare a controllare, per poi raccontare agli altri se era vero.

L'impatto sul nostro gruppo però fu distruttivo. I più piccoli avevano vita difficile e non sapevano muoversi. Io non potevo fare il capo come a Ndola e mi misi a lavorare. Lavavo le macchine, portavo i carichi. I bambini del mio gruppo erano allo sbando e volevano tornare a casa.

La vita nella capitale non era così facile come si credeva. Jackson rimase sempre con me. Ci davamo forza.

Entrai presto nel giro delle droghe della città. Ne prendevo ancora molte e stavo bene solo quando fumavo *dagga*. I soldi che guadagnavo li usavo quasi tutti per comprarmi droga. Era necessaria per sentire caldo e stare tranquillo.

Per il cibo non servono soldi. Per mangiare più o meno ti arrangi, magari chiedi qualcosa da mettere sotto i denti a chi esce dai negozi. Guadagni una mela o una banana. Rovisti qualche avanzo nella spazzatura. Non muori di fame. Ma delle droghe, se cominci, non puoi fare a meno.

Per mangiare, se proprio non ti regalano nulla e nella spazzatura non c'è niente, spendi 5.000 *kwacha*. Noi al giorno ne guadagnavamo quasi 20.000, una buona cifra per permetterci di non farci mai mancare la droga e l'alcool.

Dopo due anni per strada, Lusaka iniziò a pesarci. I bambini di strada aumentavano smisuratamente e la lotta si faceva dura. Se si è in troppi la spazzatura e l'elemosina non sono sufficienti per tutti.

Io e Jackson ci siamo dati appuntamento all'Hungry Lions per tornare a casa, abbiamo preso il primo treno per Ndola e ci siamo nascosti nel bagno dello scompartimento. Per fortuna nessun controllore ci ha beccati e siamo arrivati sani e salvi a Ndola.

Dentro di me preferivo di gran lunga Ndola, perché lì ero il boss e la vita per me era molto più facile. Io davo gli ordini e gli altri accorrevano. A Lusaka invece non ero nessuno: nella capitale si è in troppi per emergere e avere potere.

A Ndola potevo avere tutti ai miei piedi. Avevo anche le mie «mogli» e me ne vantavo. Chiamavo così le ragazze di strada. Loro venivano da me e mi elogiavano sempre. Io regalavo loro droga, soldi e protezione. In cambio, quando io chiedevo loro qualcosa, me la dovevano portare.

Ero come un re. Mi piaceva fare il bullo con le ragazze e sapere che erano tutte pronte a servirmi. Molte di loro avevano le mamme cieche, che le mandavano in strada a lavorare.

Arrivati a Ndola però notammo che anche lì le cose erano cambiate. Si guadagnava molto poco rispetto a Lusaka e la gente non aveva più soldi da darti. Io e Jackson ci siamo guardati in faccia e ci siamo chiesti: «Cosa ci facciamo qui? Torniamo a Lusaka!».

Altro treno e altro giro. Siamo passati in due centri di prima accoglienza per ragazzi di strada, l'ideale per noi: si mangiava, si dormiva e di giorno si faceva quello che si preferiva. Stavi in strada, chiedevi soldi alla gente, ti drogavi, tenevi d'occhio la spazzatura.

Una sera comprammo della droga, una dose di *dagga* grossa per me e una piccola per Jackson. Ci mettemmo a fumare vicino a una prigione. Jackson non sapeva fumare *dagga*, lui fumava solo sigarette. La *dagga* gli diede subito alla testa. Iniziò a farmi domande strane, tipo: «Chi sei? Amico, sei tu? Non ti riconosco! È colpa tua! Sono diventato matto!».

La *dagga* ti fa vedere tutto annebbiato e deforme e tu non riconosci più le persone. Non ci feci caso, anzi mi misi a ridere. Jackson era molto buffo. Ma quando cominciò a camminare e a urlare ai passanti, dando a me la colpa del suo star male, mi preoccupai. Jackson stava indietro e io gli camminavo davanti, per paura che qualcuno mi prendesse a botte sapendo che avevo dato della droga al mio amico. Andavo veloce e Jackson, lento, mi stava dietro. Mi dispiaceva lasciarlo solo mentre si sentiva impazzire, ma non potevo fare altrimenti. Con la coda dell'occhio controllavo se per lui era tutto a posto. Al nostro fianco passavano mille persone, tutte veloci e di fretta, come accade sempre a Lusaka. Jackson diceva di aver paura, io stavo male per lui. Ci siamo nascosti dietro la prigione, ma non era il posto ideale, allora siamo andati al centro di prima accoglienza.

Lì mi hanno picchiato perché sapevano che ero stato io a dare la *dagga* a Jackson.

Il giorno dopo mi hanno detto che il mio comportamento non andava per niente bene, che non potevo più fare i miei comodi: o stavo lì o andavo via.

Stare? Mai. Ho deciso di andarmene e di non tornarci più. Jackson è venuto via con me.

Fu Odadi a incontrarci, davanti all'Hungry Lions. Siamo saliti sulla sua macchina d'oro con scritto «Mthunzi Centre» e nei sedili dietro parlavamo solo nel nostro dialetto, così lui non capiva. Avevamo paura che volesse ucciderci o comunque ingannarci, allora escogitavamo il modo migliore per scappare dalla macchina, saltando dal finestrino.

Arrivati al Mthunzi Centre vidi solo alberi. Era un posto sospetto e molto strano. Ma ci volle poco a capire che lì non si stava male.

L'inizio per me fu drammatico. Dopo otto anni in strada non puoi di colpo sottometterti alle regole, al lavoro, alle riunioni. Tutto ti sembra una perdita di tempo e ti dà molto fastidio.

Arrivato al Mthunzi Centre avevo capito che le droghe erano una cosa cattiva e che non mi davano lucidità. Ma il mio corpo ne aveva molto bisogno. Così, alcuni ragazzi di Lusaka vennero qui per portarmi la droga ma Joseph se ne accorse e mi disse: «Qui la droga non entra. Se vuoi drogarti non puoi stare al Mthunzi».

Lottai col mio fisico che aveva un disperato bisogno di droga, ma ce la feci. Joseph e gli altri non si fidavano di me. Per questo non andai subito a scuola: prima dovevo dimostrare che ero un tipo a posto e che avevo voglia di cambiare. Dovevo credere in quello che facevo e conquistare la fiducia di tutti gli altri. Ma studiare mi sembrava così stupido e inutile che non avevo proprio voglia di prendere un libro in mano. Non sapevo né leggere né scrivere e l'impresa mi sembrava impossibile, oltre che un'enorme perdita di tempo.

Anche in strada, con Jackson, ci prendevamo in giro: lui sapeva bene l'inglese, io sapevo bene elemosinare. Ero bravo solo in quello. Nel chiedere la carità e nel drogarmi.

Ma se in strada queste sono cose importanti, nella vita normale non contano niente. Quel che conta è saper parlare.

Mi sentivo diverso dagli altri, ignorante, incapace, poco

intelligente. Fu Joseph a spingermi ad andare avanti, a provarci, a credere in me. Mi ficcò in testa che lo studio e la scuola mi avrebbero fatto bene. Faticavo a credergli. Erano tutte cose nuove per me. Era meglio la strada. Più facile, più immediata, più alla portata di tutti.

Una sera mi capitò la grande svolta. Vidi il film *Karate kid*, che riuscì a incoraggiarmi in modo forte, più delle parole degli educatori: impegnandomi come il protagonista del film, anch'io ce l'avrei fatta.

Ora ho diciotto anni, studio, parlo bene inglese e non mi drogo.

Un po' credo di avercela fatta.

Tutto cominciò per camminare insieme

Tutto cominciò per camminare insieme. Avevo venticinque anni e tanta voglia di condividere, di rendere la mia vita qualcosa di grande.

Con alcuni amici zambiani incontrammo padre Kizito, un prete comboniano italiano che era appena arrivato nella parrocchia di Chadiza, vicino Lusaka, e pensammo di unire le nostre forze, le nostre menti, i nostri cuori per intraprendere un percorso insieme. Dalla nostra unione nacque una comunità di laici africani, che poi chiamammo Koinonia.

La mia vita precedente era stata una vita semplice. Sono nato nel 1953 nell'Est dello Zambia, in un paese che dista mille chilometri da Lusaka.

I miei genitori erano agricoltori, abitavano in una fattoria assieme a me e al mio fratello maggiore. Fin da bambino mi abituarono ad aiutarli nel lavoro nei campi. Si coltivava per la sussistenza. Mi piaceva il lavoro di agricoltore. Quello che la terra ci donava ci bastava appena per mantenerci. Ma non eravamo tra i più poveri del villaggio. Io e mio fratello potemmo concederci il lusso di frequentare la scuola. Non era cosa da tutti. Molti amici coetanei non avevano la possibilità di farlo. Arrivai addirittura a diplomarmi alle scuole superiori.

Sono sempre stato un ragazzo di poche parole. Bado più ai fatti. Preferisco ascoltare che mettermi a parlare.

Nel 1978, mentre frequentavo l'ultimo anno delle scuole superiori, incontrai padre Kizito nella parrocchia di Chadiza. In quel periodo alcuni ragazzi si erano avvicinati alla religione cattolica. Io ero tra questi. Mi piacevano lo spirito di fratellanza, di altruismo e di condivisione che il cristianesimo insegnava.

Con qualche amico ho vissuto un mese nella parrocchia, tutti insieme in alcuni stanzoni per un corso intensivo di catechismo. Non eravamo comodi, ma si stava bene lo stesso. Se hai un obiettivo, se senti che le persone con cui condividi la tua vita e i tuoi ideali sono quelle giuste, sei trainato da una forza, una forza interiore che ti porta a resistere a qualsiasi disagio.

Quando padre Kizito arrivò ero pronto a ricevere i sacramenti. Fu proprio lui, assieme a un altro comboniano, padre Piero, a battezzarmi e a darmi, successivamente, la comunione. Per noi ragazzi era molto importante vivere a stretto contatto con dei missionari.

La mattina loro si alzavano presto e andavano in chiesa a pregare, erano sempre disponibili con tutti, pronti ad ascoltarti e ad aiutarti, se ti trovavi in difficoltà. Si mangiava insieme, si mettevano le verdure e la *nshima* al centro del tavolo e ognuno ne prendeva un po', stando attenti a che tutti avessero un'uguale parte di cibo.

Per noi vivere nella stessa casa e mangiare dallo stesso piatto era qualcosa di spontaneo. Essere come fratelli ti insegna a diventare un uomo migliore. Insieme ci mettemmo in cammino quasi senza rendercene conto. Fu la cosa più normale e bella che potesse capitarci.

Alla fine della scuola superiore però ho dovuto fare il servizio militare. Per sei mesi, sei lunghi mesi di regole ed esercitazioni, sono stato lontano dalla parrocchia. Al ritorno trovai lo stesso spirito di fratellanza di quando me n'ero andato. Mi sentivo a casa.

Era il 1979 quando mi sentii pronto per cominciare una vita di comunità nel senso più profondo del termine. Nel giugno di quell'anno io e un amico abbiamo avuto un incidente stradale in macchina. Io non mi sono fatto niente ma il mio amico è finito in ospedale. Si era ferito gravemente. Kizito è venuto a trovarmi mentre assistevo il mio amico, che faceva parte anche lui della parrocchia, e ci ha spiegato che aveva intenzione di spostarsi a Bauleni, località molto più vicina a Lusaka. Ci chiese se anche noi volevamo continuare il percorso di Chadiza con lui e gli altri ragazzi. Come potevo non desiderarlo?

Fu proprio a Bauleni che pensammo concretamente alla nascita di una comunità. Alcuni dei vecchi amici avevano già dato forma a quest'idea a metà del 1980. Io arrivai solo un anno dopo.

Abitavamo nella stessa casa, composta di una piccola stanza dove si dormiva tutti insieme e di una cucina. Si beveva la stessa acqua, si mangiava lo stesso cibo. Era come vivere in una grande, nuova famiglia. Assieme a noi c'erano anche due rifugiati dello Zaire. È sempre bello poter conoscere persone che vengono da un'altra cultura. Impari tante cose e ti metti in discussione. Accettando la diversità e cercando di ascoltare e di capire le ragioni di ognuno diventi grande, diventi un uomo.

Il gruppo pian piano cresceva. La notizia dell'esistenza della nostra comunità si era diffusa nei dintorni di Lusaka e molti ragazzi si sentivano vicini a quest'idea di condivisione. Nel 1983 arrivarono Clement, Luka, Mwale. Kizito ci seguiva e condivideva con noi ogni momento. Avere sempre lui accanto ci dava speranza e forza.

Nel marzo del 1981 ho cercato un'occupazione e ho cominciato a lavorare per una compagnia che fornisce elettricità.

Più eravamo numerosi più era difficile vivere nella stessa stanza a Bauleni. Non sapevamo come sdraiarci per dormire. Dovevamo trovare un altro posto per stare più comodi. Per questo abbiamo girato un po' nei dintorni di Lusaka, alla ricerca di qualcosa di più spazioso.

A Kasupe, a quindici chilometri da Lusaka, c'era un'area libera e ottima per coltivare. Venti ettari di terra rigogliosa, piena di verde, sicuramente quindi vicina all'acqua, nemmeno troppo lontana dalla capitale: era l'ideale. Avremmo potuto coltivare mais e altro, stando insieme anche nel lavoro quotidiano, tentando di mantenerci con i prodotti della terra.

Tutto il gruppo si è trasferito, assieme a padre Kizito. All'inizio è stata dura: bisognava ripulire l'area da altissime erbacce, seminare, costruire un alloggio. La boscaglia fu sostituita da un campo di frumento, poi di fagiolini e patate dolci, costruimmo un pollaio e un pozzo, visto che l'acqua scorreva a qualche metro sotto terra. Eravamo stanchi ma così entusiasti che niente ci avrebbe fermato. La fatica non si sentiva.

Volevamo dare un nome alla nuova comunità di Kasupe. Kizito ci suggerì «Nomadelfia», che ci spiegò essere una cooperativa italiana fondata da un prete di nome don Zeno Saltini. Nomadelfia significa «dove la fraternità è legge», un bellissimo nome, che si addiceva alla perfezione ai nostri ideali. Kizito aveva letto in una rivista cattolica italiana che gli era arrivata in Zambia che questo don Zeno era morto. In suo onore avremmo potuto chiamare la nostra comunità con lo stesso nome di quella da lui ideata.

Dopo due o tre anni però cambiammo questo nome in Koinonia. Vuol dire «comunità» ed è nominata anche nel Vangelo. La nostra idea fondante era quella di seguire le tracce delle prime comunità cristiane descritte negli Atti degli Apostoli. Vangelo e cultura africana erano i pilastri dei valori della nostra comunità. Koinonia era un nome ancora più giusto per il nostro progetto.

Alcuni di noi furono mandati in Italia per migliorare la propria cultura. Io fui tra questi. Vissi a Rovereto con Beppe, che purtroppo è morto l'anno scorso, e imparai tantissime cose.

A Koinonia volevamo mettere in atto una concreta esperienza d'amore. Non eravamo esaltati, facevamo piccoli passi per non distruggere quello che riuscivamo a creare. La cosa principale era produrre insieme.

Per una comunità l'impegno principale è quello di promuovere la crescita della solidarietà, della fraternità, qualsiasi attività concreta si faccia. Il nostro stile di vita era fraterno e ispirato al Vangelo, ma fondato sulle nostre risorse umane e culturali. Eravamo noi, noi africani, i veri protagonisti. Kizito per noi era un punto di riferimento, ma era la nostra tradizione ad avere la meglio su tutto. Questo ci faceva sentire molto importanti.

Il 1984 fu l'anno d'oro dei matrimoni. Tre di noi volevano sposarsi. Avevamo incontrato delle ragazze meravigliose e volevamo portarle a vivere con noi a Koinonia. Io sono stato il primo ad avvicinarmi al matrimonio. Mi unii ad Alice, da cui ho avuto ben nove figli. Uno di questi si chiama Renato, proprio come padre Kizito.

Poi si sposarono Norbert e Celestina, e infine Erich, un ragazzo di Kanyama che si era unito a noi dopo essere stato mandato qui dai comboniani della sua città.

Nel 1988 le cose andarono peggiorando. La porcilaia subì dei danni, la coltivazione di mais non ci dava sostentamento. Era stato un anno di scarsa pioggia e alla comunità mancavano i fondi per comprare cibo. A tutte queste preoccupazioni se ne aggiunsero altre, ancora più gravi.

Una notte arrivarono due ladri che rubarono parecchi animali e qualche attrezzo dell'officina. Restammo allibiti. Non avremmo mai pensato che qualcuno potesse essere invidioso della nostra comunità. Ma ci sbagliavamo di grosso. C'era invidia, c'era cattiveria ma soprattutto c'era una povertà diffusa che spingeva alcuni verso la malavita. Non potevamo permettere che succedesse una seconda volta, così ci organizzammo in turni di guardia notturna per catturare gli eventuali ladri futuri.

Qualche notte dopo i due rapinatori vennero presi. Li portammo alla polizia e ci sentimmo tutti molto meglio. Era stato un anno difficile per l'economia e il terreno, ci mancavano solo i ladri.

Dopo pochi giorni però i furti ricominciarono. I ladri erano stati rilasciati. Probabilmente avevano sganciato del denaro alla polizia o forse erano protetti da qualche potente. Cose che qui succedono spesso.

La Koinonia stava cedendo, avevamo paura per noi e per le nostre mogli. I ladri venivano in gruppi numerosi, armati con coltelli e spranghe di ferro, e ci minacciavano quando sentivano le guardie urlare per svegliare la comunità e dare l'allarme. Restavano ormai pochi maiali e pochissime vacche. L'officina era stata svuotata. Eppure i ladri continuavano a fare assalti notturni.

Ci sentivamo soli e disperati. Chiamammo la polizia, andammo di persona al commissariato per avere protezione, ma non servì a nulla. Grazie a padre Kizito avevamo l'appoggio del segretario del vescovo, ma nemmeno questo ci servì a qualcosa. Non sapevamo più che fare. Era pericoloso scontrarci con i ladri, armati com'erano. La nostra incolumità era in pericolo e la nostra comunità stava per essere annientata. Non avevamo più un soldo.

Ricordo ancora benissimo quella notte, il 2 luglio del 1988. Fu una notte terribile che nessuno di noi potrà mai scordare.

Lawrence faceva la guardia al pollaio, che era quasi vuoto ma sempre meno vuoto della porcilaia. Erano rimaste cinque galline. I ladri arrivano, come sempre armati. Sono tre. Lawrence è da solo, allora chiama Clement, che avvisa anche qualcun altro.

Mentre i ladri scappano, dopo aver sentito l'allarme, uno di loro rimane indietro. Quando sente che Lawrence gli è alle calcagna si gira di scatto e gli sferra un forte colpo sul torace con un bastone di ferro appuntito. Lawrence viene ferito e cade a terra. Clement riesce a mettere in fuga il ladro prima che infierisca su Lawrence. Quando lo raggiunge, Clement lo getta a terra e gli ruba il bastone di ferro. Colpisce il ladro sulla natica e lo chiude in una stanza in attesa che arrivi l'alba e che si possano avvisare le forze dell'ordine.

Al mattino andiamo nella stanza per prendere il ladro e portarlo alla polizia, ma lo troviamo morto. La ferita perdeva sangue e lui si era dissanguato. Andiamo ad avvisare la polizia, che quando arriva fa i salti di gioia. Non capivamo cosa ci fosse da rallegrarsi. Un uomo era morto, che c'era da essere felici?

La polizia ci spiegò che quell'uomo era uno dei peggiori criminali dello Zambia. Lo ricercavano da anni. Aveva la fedina penale sporca, sporchissima: sessanta casi gravi gli pesavano sul collo, tra cui dieci con l'aggravante dell'omicidio. Quell'uomo era il capo di una banda molto pericolosa, catturato numerose volte ma sempre evaso. Morto lui, la banda si sarebbe placata. Volevano addirittura darci un premio.

La polizia se ne andò e ci invitò, il giorno dopo, a recarci in commissariato per ricevere il premio e fare le nostre dichiarazioni.

Ma la mattina dopo, ancora scioccati per la morte del ladro, invece di elogiarci ci arrestarono. Il caso era passato nelle mani di qualcuno che non la pensava come i poliziotti che erano venuti a Koinonia.

Molti altri poliziotti arrivarono a Kasupe: volevano arrestare tutti, anche le donne. Ci fu una lunghissima discussione e avremmo tanto voluto che con noi ci fosse anche padre Kizito. Dopo ore di tira e molla arrivammo al compromesso che solo i cinque di noi più direttamente coinvolti nella cattura del ladro sarebbero andati in prigione. Io non ero tra questi, ma soffrivo per loro. Condividere implica una vicinanza assoluta, nella gioia e nel dolore.

Peter e Paul ogni mattina prendevano il trattore e andavano in città dall'avvocato per sapere novità, per mettersi in fila all'ufficio del Pubblico Ministero, per portare qualcosa da mangiare ai prigionieri. Stavano male, malissimo. Le prigioni dello Zambia sono luoghi maledetti.

Quando Peter e Paul tornavano a Koinonia li riempivamo di domande sui carcerati, ma dalle loro facce si capiva quanto cercassero di rassicurarci, mentre la realtà era ben peggiore. Due uomini bianchi appoggiarono la nostra causa e il Pubblico Ministero, dopo un mese di carcere, riaprì il caso e li rilasciò. Ammise che si trattava di legittima difesa, ma le ferite interiori dei nostri cinque fratelli non si rimarginarono.

Quando tornarono a Koinonia erano molto magri, avevano una pessima cera e parlavano poco. Per loro era stata una dura prova, sia fisica che psicologica. Lo shock della prigione li aveva cambiati dentro.

Qualche giorno dopo il loro rientro a casa, arrivarono alcuni ragazzi italiani di Africa Oggi per un campo di lavoro. Passammo momenti molto difficili, ma la comunità riuscì a resistere, a restare in piedi, a risollevarsi. La nostra forza non era un'illusione.

Alla fine di quell'estate morì Norbert. Non abitava più con noi come all'inizio, quando si sposò, ma era un fratello come gli altri membri della comunità. L'avevo conosciuto a Bauleni, dove lavorava da tempo al mulino. Con me e gli altri aveva cominciato questo percorso e si era sposato con Celestina.

Poi, non avendo soldi, Norbert aveva deciso di mettersi a commerciare pesce. Andava a prenderlo a duecento chilometri da Lusaka, nel suo villaggio natio, sul fiume Zambesi, e ogni sera tornava in città, dove abitavano Celestina e i suoi tre figli, per rivenderlo. Morì, almeno così ci dissero la moglie e i figli, in un incidente mentre pescava. Difficile sapere cosa accadde a duecento chilometri da dove stavamo noi.

La comunità comunque cresceva e con gli anni le attività diventavano più solide, anche grazie all'apporto di figure fondamentali, dotate di professionalità e grande cultura, come Clement.

Ma una disgrazia si abbatté nuovamente su di noi agli inizi degli anni Novanta. Non eravamo decisamente baciati dalla fortuna.

Un pomeriggio stavamo coltivando la terra tutti insieme. Luka andò verso il ruscello a prendere dell'acqua. Noi eravamo chini e intenti a raccogliere insalata quando sentimmo un silenzio inquietante. Mi girai verso il ruscello e non vidi più Luka. Avvisai gli altri e corremmo giù, verso l'acqua, chiamandolo a voce alta. Nessuno ci rispondeva. Arrivati al ruscello abbiamo visto il suo secchio galleggiare sull'acqua. Luka non c'era. Era affogato.

Fu un momento tragico. Luka era un punto cardine della comunità. Avevamo perso un uomo importante per noi, un grande lavoratore e soprattutto un fratello. Tutta Koinonia ne risentì.

Arrivarono i suoi parenti, infuriati e molto seccati. Ma noi non sapevamo cosa dire, come alleviare il loro dolore. Anche noi eravamo sconvolti e pieni di dolore. Era difficile continuare senza di lui.

Tentammo di superare questo trauma e ci riuscimmo. I programmi ripresero e Koinonia, anche stavolta, non si fece distruggere. Ma proprio mentre ci sentivamo più forti, mentre le cose sembravano andare meglio, un altro fratello se ne andò.

Erano i primi di dicembre del 1994. Clement, l'ingegnere di Koinonia, uno dei primissimi membri della comunità, morì in un incidente stradale. Clement era una colonna portante, un fondatore. Come avremmo fatto senza la sua generosità, la sua tolleranza, senza il suo perenne sorriso? Come?

Clement non morì all'istante, ma rimase qualche giorno immobile nel letto, straziato dal dolore. Aveva dei momenti di lucidità e voleva che pregassimo per lui e per la sua famiglia. Ci chiedeva di stare vicino alla moglie Chimbesu e alle sue tre figlie piccole, perché avessero modo di studiare e di ricevere amore, se non dal padre da tutti noi. Furono momenti commoventi e tristissimi.

Ci riunimmo per decidere come e dove seppellirlo. Eravamo tutti d'accordo nello scavare la sua tomba a Koinonia, a due passi da casa sua, vicino al campo di frumento. I primi giorni dell'anno successivo padre Kizito disse la messa accanto alla sua tomba. Era il tramonto e ci sembrava che anche la comunità dovesse tramontare per sempre.

Pensai di spostarmi, assieme a mia moglie e ai miei figli, a Kashitu, verso Ndola, per fondare un'altra comunità. L'avrei chiamata Renato Community, in onore di padre Kizito. La tradizione bantu vuole che i nomi delle persone importanti diventino i nomi dei luoghi. La comunità è nata dal nulla. Avevamo solo voglia di creare qualcosa di nuovo, di continuare nel nostro percorso, ma altrove.

Alle due famiglie iniziali si aggiunse Peter con sua moglie. Lavoravamo tanto, si coltivava e ci si manteneva col raccolto. La nostra fattoria proseguiva bene.

Avevo nostalgia di Koinonia e quando nel 2000 tornai a far visita ai ragazzi rimasti lì incontrai Odadi, un keniano che era venuto in Zambia per dare una mano nell'ideazione di un nuovo progetto a servizio dei bambini di strada.

Odadi mi chiese di andare con lui in Kenya per imparare come gestire un'attività con gli *street-children* simile a quella creata a Nairobi sotto l'ala di padre Kizito. Gli risposi che in quel momento non potevo abbandonare i campi. Era il periodo del raccolto e avremmo rischiato di non mangiare per tutta la stagione successiva.

Dopo averci pensato un po' tornai a Koinonia con mia moglie e decisi di rimanerci in modo stabile. Ormai a Koinonia si era aggiunto il Mthunzi Centre, un rifugio per bambini di strada. L'idea di dare sostegno e alloggio ai bambini di strada mi piaceva molto. E le coltivazioni erano ancora in buono stato.

Di bambini di strada, fino a una decina di anni prima, non c'era l'ombra. Esistevano tante famiglie povere e poverissime, ma i bambini non andavano in strada a mendicare. Di colpo le strade vennero invase e fu difficile per tutti capire i meccanismi di questo fenomeno.

Abbiamo iniziato a ospitare dodici bambini, grazie agli insegnamenti di Odadi. Erano bambini difficili. Erano sporchi, violenti, selvaggi. Molti avevano i capelli arancioni per mancanza di vitamine, gli occhi rossi per le droghe e il cervello bruciato. Litigavano continuamente, si picchiavano, non ascoltavano quello che noi cercavamo di insegnare loro. Di notte dormivano poco, alcuni scappavano per tornare dopo qualche giorno. Nessuno li ha mai obbligati a restare da noi.

Era importante che si sentissero liberi di venire come di andarsene da qui.

Per molti di loro, soprattutto per quelli che erano stati in strada a lungo, la vita qui al Mthunzi era uguale a quella di strada. Non si comportavano in modo diverso, si buttavano per terra, non si lavavano, si rubavano il cibo tra di loro.

Era difficile comunicare coi bambini perché non si fidavano di noi. Per gli adulti era difficile amarli. Ma col tempo le cose cambiarono e per i membri della comunità quei dodici ragazzi diventarono come dei figli.

Andai con Odadi in Kenya, per imparare altre cose dal centro per bambini di strada di Nairobi, che si chiama Kivuli Centre. Rimasi un mese a osservare e ascoltare quello che gli educatori mi raccontavano. Fu molto interessante e molto utile. Quando tornai al Mthunzi i dodici ragazzi erano ben inseriti.

Il governo in quei mesi era in subbuglio perché non riusciva a sopportare la vista di tutti quei bambini per strada, gettati a terra come mendicanti. Non era una bella visione per chi si fosse recato nella capitale. Fu così che il governo mise in atto un programma per «pulire le strade».

Al Mthunzi, che era il secondo centro di accoglienza per bambini di strada di Lusaka dopo la Fountain of Hope, vennero spediti cinquantacinque ragazzi. Il governo però ci avrebbe dato finanziamenti per soli tre mesi. A quel punto avremmo dovuto farcela da soli.

Non avevamo soldi per dare da mangiare a tutti quei bambini. A malapena riuscivamo a nutrire noi stessi. Non eravamo pronti a ospitare più di sessanta ragazzi.

A padre Kizito venne in mente di chiedere aiuto ad Amani, un'associazione italiana che già dava sostegno al centro keniano di Kivuli. Da quell'anno arrivarono sempre i finanziamenti di Amani e dal 2002, ogni agosto, iniziarono a venire al Mthunzi dei volontari italiani a fare campi di lavoro. Si lavora insieme, si condivide tutto, nel vero spirito comunitario che ci ha sempre contraddistinti.

Oggi al Mthunzi ci sono molte coltivazioni. Insalata, pomodori, *lepu*, *impwa*, manioca e, recentemente, anche caffè. Siamo noi adulti della comunità a dare acqua e a seminare, ma ci aiuta anche qualche bambino. Ad alcuni di loro piace molto avere un proprio pezzettino di terra, curarlo, stargli dietro. Potranno diventare agricoltori, un giorno, e sostenersi con questo.

Anche alcune donne del villaggio di Chicondano si appoggiano a noi. È importante, come unica comunità della zona, aprirsi all'esterno e condividere i nostri beni e le nostre attività con i villaggi vicini. Alle donne più volenterose diamo un pezzetto di terra e le sementi, affinché possano coltivarlo e riescano a far mangiare i propri piccoli. Per i figli maggiormente intenzionati a studiare diamo a queste donne il denaro necessario a pagare la scuola, la divisa, il materiale che serve in classe. Li chiamiamo *home-based* perché stanno a casa loro, invece che al Mthunzi, ma vivono grazie ai nostri aiuti. Anche loro sono dei potenziali bambini di strada.

Il numero dei bambini per le strade delle più grandi città zambiane continua a crescere e non ho idea di cosa possa fare il governo per risolvere questo annoso problema. È una situazione grave. Si stanno costruendo dei nuovi centri di accoglienza per ospitarli, anche a Kitwe, per riqualificare le loro esistenze, ma non sembra mai abbastanza.

E poi rimane sempre l'altro problema, quello che colpisce noi zambiani come molti altri africani: l'Aids. Il nostro Stato, dicono le statistiche, è tra i più afflitti da questo flagello. C'è un tasso di sieropositività tra i più alti al mondo e la vita media è bassissima, meno di trentotto anni. Molti dei nostri bambini sono orfani di almeno un genitore, spesso morto di Aids. I bambini non sanno quasi mai di cosa sono morti i loro genitori, e comunque nessuno ammetterà mai che sono morti di Aids. I piccoli li teniamo sempre sotto controllo, per verificare che la sieropositività che affligge alcuni non degeneri nella peggiore malattia dell'Africa moderna.

Qualche anno fa, d'estate, morì Henry, a soli trentaquattro anni. Henry era un bravissimo sportivo. Non prese mai parte quotidianamente alla comunità, ma tutte le estati arrivava per i campi di lavoro a Koinonia ed eravamo molto amici. Nel 1985 fece delle analisi perché stava sempre male e scoprì che si trattava di Aids. Quelli erano i primi anni in cui si facevano esami di questo genere in Zambia. Fu un brutto colpo, per me. Gli volevo molto bene.

Quando hai condiviso così tanto della tua vita con dei fratelli, quando hai dialogato a fondo con le persone per cercare di comprenderle, arrivando ad accettare chiunque è diverso da te, ti senti un altro uomo. Il cammino che devi percorrere non vuoi più intraprenderlo da solo, perché desideri a tutti i costi che con te ci sia un amico.

Se non hai un amico, se non sai che ti puoi fidare e che puoi contare su una persona, non sei nulla. Condividere la tua vita con un altro ti darà così tanto che non riuscirai a starne senza.

Oggi sono il coordinatore di Koinonia e ne sono fiero. I ragazzi si sono fidati di me e io farò qualsiasi cosa per far crescere questa comunità e il Mthunzi Centre. Cammineremo insieme per tanto tempo. La strada che abbiamo davanti è fatta di fratelli ed è fatta pure dei bambini che ospitiamo. Sono loro il nostro futuro.

Il mio desiderio è che il nostro cammino non si fermi mai. Chiunque passerà su questa strada sarà sempre il benvenuto.

In Africa non mi sento mai sola

In Africa non mi sento mai sola. Degli africani mi piace la semplicità nel vivere le giornate, la voglia di godersi tutto il giorno senza sapere cosa potrà succedere domani, il modo di rapportarsi agli altri, con occhi grandi e orecchie aperte.

Sembra che gli africani assorbano tutto quello che dici, per farne una ricchezza. Un amico per loro vale un tesoro, nel vero senso della parola. I rapporti umani per gli africani sono fatti di contatto, un contatto che qui in Italia mi manca. Lì ci si dà sempre la mano, ci si abbraccia, ci si regala attenzione. Non puoi sentirti solo. Mai.

Da grande sarò una dottoressa nel mondo. Questo è il mio più grande sogno. Fin da bambina ho desiderato diventare un medico, meglio ancora, una pediatra. Ho sempre amato i bambini.

Poi ho scoperto l'Africa e ho pensato che la cosa più bella che potessi fare era unire il mio futuro lavoro all'aspirazione di viaggiare in giro per il mondo. L'Africa mi ha cambiata dentro.

Ho solo diciassette anni e ho sempre vissuto a Cesenatico.

Il mio babbo è un medico e, quando avevo pochi anni, lavorava nel suo ambulatorio. Praticava l'agopuntura e a me piaceva tanto stare con lui e aiutarlo, a modo mio, mentre curava i pazienti. Gli passavo gli strumenti, lo guardavo mentre lavorava, stavo attenta a come si muoveva, ai piccoli gesti che faceva. La vista del sangue non mi impressionava: sono di stomaco forte.

Mi sono innamorata presto del mestiere del medico e fin

da piccolina decisi che da grande avrei studiato medicina, per diventare un dottore come lui. Siccome poi ho sempre avuto un debole per i bambini, a sette anni pensai che fare il medico dei bambini, il pediatra, era quello che faceva per me.

Ora sono in quarta liceo scientifico e a dire la verità sono un po' confusa sul mio futuro, ma quella passione è sempre dentro me.

Ho la fortuna di avere una famiglia bellissima, che mi riempie di affetto e che mi ama. Mamma è un tecnico di laboratorio, papà per l'appunto è un medico, e mia sorella Alice, che ha nove anni più di me, è laureata in Scienze dell'educazione e fa l'attrice teatrale. Ci vogliamo tutti enormemente bene.

Siamo una famiglia un po' atipica perché i nostri genitori sono anche degli amici, per noi figlie. Non abbiamo paura di raccontare loro quello che pensiamo o quello che combiniamo. Uno dei momenti più belli della giornata, per me, è la sera prima di cena. Ci sediamo sul divano, accoccolati l'uno accanto all'altro, e chiacchieriamo. Intanto la casa si profuma della cucina di mamma che, tra una pausa e l'altra, viene a riempirci di baci. Se c'è anche Alice, che ora vive a Roma, è proprio il massimo.

Sono sempre stata un po' timida, fin da piccola. Mi ci vuole molto tempo a lasciarmi andare, non sono estroversa come mia sorella, ma mi affeziono tanto alle persone.

Il legame con i miei, che rimane in assoluto quello più forte, cresce di intensità con gli anni. Loro sanno ascoltarmi e capirmi, anche se sto in silenzio.

Una cosa che adoro è la musica. Da dieci anni suono il clarinetto e da pochi mesi anche l'organetto, presso la scuola di musica popolare di Forlimpopoli. Mi piace la musica perché la sento dentro, mi dà forza, mi carica, non riesco a starne senza.

Anche lo sport mi dà energia. Gioco a pallavolo e dopo le ore di scuola, che diventano sempre più pesanti, andare ad allenarmi mi fa sentire viva, aiuta a sfogarmi.

Leggo molto e scrivo, mi piace raccogliere i miei pensieri sulla pagina, oppure raccontare delle storie inventate, se mi viene l'ispirazione.

Ma poi c'è un altro mio grande amore: il viaggio. Sono una vera drogata di viaggi.

L'estate scorsa sono stata un mese e mezzo da sola in Finlandia, ospite di una famiglia locale. Era la prima volta che mi staccavo per così tanto tempo dalla mia famiglia. Quel viaggio è servito molto a conoscermi, a provare cose nuove, a capire la cultura di un paese diverso dal mio. Ho fatto la sauna, ho mangiato pietanze deliziose e ho potuto apprezzare la calma dei laghi, quella natura così pacifica e serena.

Mi piace molto la natura, mi piace andare in campeggio in montagna con i miei. Anche loro sono dei fanatici della natura e delle passeggiate.

Da bambina, in casa, sentivo spesso parlare di Africa. Era la vera, grande passione di babbo e mamma.

Un giorno, avevo circa nove anni, dissero a me e a mia sorella che era arrivato il momento giusto per partire. Un viaggio tutti assieme. Ero felice, anche se non mi rendevo conto di cosa fosse l'Africa, di cosa volesse dire viaggiare in aereo, cambiare continente, stare lontana dai nonni per tanto tempo. Partimmo con un gruppo di italiani, accompagnati da un prete di Bologna. Mia sorella non poté venire.

Andammo in Tanzania per un mese, in giro per le missioni. Di quel lungo viaggio ricordo alcune situazioni in particolare.

Era la prima volta che vedevo immagini forti, la prima volta che vedevo con i miei occhi persone che stavano davvero male. Sopra ogni altra cosa ricordo i bambini poliomielitici del centro di Dar Es Salaam e i lebbrosi. Ricordo bene quella donna senza gambe né braccia che aveva allevato suo figlio nonostante stesse così male.

Rimasi impressionata, non avrei immaginato che l'Africa fosse così dura, che avesse un impatto così forte su chi la visitava.

Ero l'unica bambina del gruppo, mi chiamavano «la mascotte» e mi sentivo protetta. C'erano i miei, ma anche tanti altri ragazzi che stavano sempre attenti che fossi al sicuro.

E poi ricordo tutti quei baobab, le strade rosse, gli animali selvaggi e liberi di muoversi, il cielo grande e blu, l'aria pulita.

Ero serena, sapevo che i miei mi avrebbero tenuta d'occhio, ma un paio di volte mi accadde di avere davvero paura.

La prima volta fu quando ci trovammo in un pulmino in mezzo al mercato di una città tanzaniana: alcuni africani cominciarono a battere forte i pugni contro i vetri del pulmino, urlando cose che non capivo. Avevano facce scure e sembravano arrabbiati. Avevo paura di tutto quel rumore e delle grida in una lingua straniera che non conoscevo.

Poi una sera, tornando nella missione dove dormivamo, io e mamma ci siamo sentite spiate e abbiamo visto una persona tutta nera che ci guardava con sospetto, nel buio più totale, da un cespuglio. Per fortuna c'era mamma con me, avrei voluto correre via.

Quello africano è stato un bel viaggio, ho conosciuto dei nuovi amici, ma al ritorno a Cesenatico non mi rendevo ancora conto di quanto l'Africa mi avesse lasciato dentro.

Ai compagni di classe delle elementari raccontai degli animali, delle piante bellissime e rigogliose, ma non raccontai mai delle immagini brutte che avevo in testa. Non raccontai della donna del lebbrosario o dei bambini malati, nemmeno degli africani che sbattevano i pugni contro il pulmino. Provavo anche a parlarne, con le amiche del cuore, quelle a cui dicevo tutto, ma non sapevo cosa dire.

Capii che era meglio tenere tutto dentro di me.

Due anni dopo, nel 2000, andai in Kenya, a Kivuli, un centro per bambini di strada alla periferia di Nairobi, fondato da Amani. Stavolta c'era anche mia sorella. Non conoscevo bene l'inglese, dovevo andare in prima media, ma coi gesti cercavo di farmi capire.

Fu un'esperienza bellissima, molte bambine che alloggiavano a Kivuli avevano la mia età e diventammo grandi amiche, anche se, per i discorsi che facevano e la vita che avevano passato, sembravano molto più adulte di me. Però mi piaceva il fatto che quelle ragazzine sapessero apprezzare le cose semplici, i giochi elementari, mi piaceva che ridessero per cose da poco e che nessuno si lamentasse mai.

Avevano dei sorrisi che nessun italiano ha. Con loro parlavo di tutto, condividevo le mie emozioni, sentivo anche da parte loro la voglia di creare un'amicizia vera, un rapporto spontaneo.

Noi e gli africani abbiamo mentalità ed esperienze così diverse che c'è sempre qualcosa di nuovo e di più interessante da dirci, da scoprire, c'è una voglia grandissima di sapere e di conoscere l'altro.

Ho sempre viaggiato coi miei genitori, seguendoli nelle loro scelte. Niente di quello che hanno deciso mi è mai pesato. Prima d'estate si andava in barca a vela coi loro colleghi, poi in Africa, e in Africa ancora e ancora. Ma se prima l'Africa era una passione tutta loro, col tempo è diventata mia. E adesso non li faccio più stare tranquilli, perché voglio sempre tornarci, in qualsiasi periodo dell'anno.

La cosa più difficile, una volta fatte queste esperienze in Africa, è parlare con i propri compagni di classe. Loro non possono capire, lo so, non sono mai stati in un posto così lontano, o forse non vogliono ascoltare. Ma la colpa è anche mia che non riesco a spiegare, e non riuscire a condividere con loro le mie emozioni mi fa star male.

In Africa ci sono immagini che ho fotografato con la mente e che mi sono rimaste dentro, che non riesco a cancellare. Le facce dei bambini sempre col sorriso, i paesaggi immensi, la natura, le *jacarande*.

Ogni volta che torno in Africa provo tante emozioni diverse, che si mescolano insieme e che è difficile comprendere e districare. Finché sono lì non capisco niente, non penso e vivo alla giornata. Poi, quando torno a casa, ci ripenso in continuazione e mi rendo conto di quello che ho provato.

A volte riesco a spiegarmi tutto, a volte nulla. Sono emozioni così intense e intime, quelle che senti in Africa, che è impossibile definirle in poche parole. Proprio perché sento tante emozioni ho difficoltà a esprimerle ai miei amici italiani, ancor di più se loro non sono mai stati in Africa.

In certi momenti ho pensato che fosse una sfortuna non poter comunicare con i miei coetanei. Spesso ho avuto paura di essere troppo diversa da loro, di non poterci costruire un rapporto vero e bello. Ho pensato anche di non essere «normale». Perché gli amici italiani mi ascoltano per quello che vogliono, mi chiedono dell'elefante o della bellezza dei ragazzi africani, di come giocano a calcio o di come si vestono, ma a loro non importa la cosa principale: il fatto che gli africani sanno darti un'amicizia senza paragoni.

Così mi ritrovo a parlare d'Africa sempre con la mia famiglia o con gli altri amici italiani che hanno viaggiato tante volte con me. Prima o poi troverò qualcuno che mi ascolti!

Oggi però le cose sono cambiate e mi considero molto fortunata. Più che «anormale» oggi mi sento una privilegiata. Dall'età di nove anni fino a oggi, in soli otto anni, sono stata in Africa cinque volte. Vorrei tanto che le persone che amo vivessero quello che ho vissuto io. Un viaggio in Africa è un'esperienza importante, che rifarei e rifarò senza dubbio. L'Africa mi ha lasciato dentro qualcosa che è difficile trovare altrove.

Nella vita mi piacerebbe trovare un posto dove stare per sempre, un posto da adorare. Ma vorrei anche girare il mondo perché ho visto che ci sono così tante cose belle in giro che sembra di conoscerne sempre troppo poche. C'è sempre qualcosa da scoprire. Per questo vorrei diventare una pediatra o conoscere le lingue, o comunque trovare un lavoro che mi faccia viaggiare e aiutare gli altri, come il medico senza frontiere o la giornalista.

Dopo i viaggi che ho fatto ho capito di essermi messa alla prova. Ho scoperto in me una persona meno timida, una ragazza che ha voglia di fare e dare tanto, che non ha più paura di alcune cose. Prima mi costringevo a fare, oggi ho voglia di fare, senza timore.

Grazie a questa carica, che all'inizio mi diede il viaggio da sola in Finlandia, sto costruendo nuovi rapporti che prima non avevo, mi sto conoscendo meglio e scopro il bello che c'è dentro di me.

Quest'anno, durante i primi mesi di scuola andrò in Francia per studiare «alla pari». Sono emozionata ma non ho più paura come nei primi viaggi. Ho capito che ogni viaggio ti riempie dentro, ti fa tornare a casa più ricco. Quando ti metti a confronto con qualcuno di diverso da te non puoi che migliorare. Sono diventata più positiva. E non smetto di sognare l'Africa.

La prima volta che arrivai al Mthunzi Centre era il 2002. Quell'anno non volevo partire per lo Zambia, perché avevo voglia di andare a trovare gli amici del Kenya. Ho quasi litigato con i miei genitori. È stata una delle poche volte che mi sono arrabbiata con loro.

Appena arrivata a Lusaka ho visto che i bambini del centro, che non mi conoscevano, non mi salutavano, restavano lontani, come se fossero diffidenti. C'era imbarazzo da tutte e due le parti, anch'io facevo fatica ad avvicinarli. Eppure di solito, essendo giovane, i bambini corrono sempre da me prima che dagli altri, perché tra coetanei ci si sente più spontanei.

I ragazzi ci hanno aiutati a portare gli zaini in casa, zitti zitti, guardandoci di soppiatto, con gli occhi bassi. Studiavano la situazione. Io avevo paura di non riuscire a dare molto, di non avere il comportamento giusto, di non essere vera. Per la prima volta sentivo sulle spalle la responsabilità di dover essere me stessa. Ero diventata grande, avevo quattordici anni, non ero più «la mascotte».

Dopo poche ore ci siamo sciolti e io e i bambini abbiamo iniziato a mangiare nello stesso piatto, a ballare, a parlare.

Quando siamo entrati in confidenza alcuni mi hanno raccontato la loro storia, spontaneamente, ma io non sapevo cosa raccontare di me. Mi sentivo quasi in colpa per avere vissuto sempre bene, senza difficoltà, con una bellissima famiglia e tante possibilità. Sentire che dei ragazzi della mia età avevano vissuto storie così brutte mi faceva star male, mi immedesimavo in loro e cercavo di guardarli fissi negli occhi, ma mi veniva da piangere.

Quando ero giù loro se ne accorgevano subito, come per magia, anche se cercavo di nascondere la mia tristezza.

Allora durante il campo ci scrivevamo delle lettere, per dire quello che di persona era difficile dirsi. Per non farsi vedere tra di loro mi davano dei fogli scritti durante la notte. Ogni mattina sentivo una mano diversa che mi metteva in tasca una lettera e poi scappava. La sera arrivavo a letto con un pacco di lettere da leggere.

Ricordo che una volta ero seduta su un sasso, sotto un albero, e un ragazzo africano mi si avvicinò. Mi chiese perché ero così triste. Io ho risposto che non ero triste, ma che stavo solo pensando. Allora il ragazzo mi disse che secondo lui se non c'è qualcuno che ti sta accanto sei sicuramente triste, perché sei solo.

Gli chiesi di sedersi accanto a me e la tristezza, vera o immaginata, sparì in un lampo.

Prima di fare qualsiasi cosa penso molto

Prima di fare qualsiasi cosa penso molto. Da piccolo fai le cose senza pensarci e quando te ne accorgi ormai sono fatte.

Ora invece ho diciassette anni e bisogna pensare a tutto, pensare e pensare e pensarci ancora, per non fare errori.

Gli amici mi prendono in giro perché sto spesso a pensare, in silenzio. E non capiscono a cosa mai stia pensando. Anche i ragazzi che ho incontrato per la strada si prendevano gioco di me quando tacevo e pensavo. Ma non me ne importava. A me pensare piace molto.

Ho un gemello, Rick, a cui sono molto legato, ma che è diversissimo da me. Lui non sta ore e ore a pensare come faccio io. Abbiamo un viso molto simile, un corpo molto simile, ma le nostre teste sono molto diverse. Lui è impulsivo, io sono un pensatore.

Sono originario di un *compound* vicino Kitwe. Mio padre faceva il commerciante. Ed è vivo. Mia madre invece era molto malata. Ed è morta.

Nei miei ricordi mamma non è mai stata bene. Penso che per papà lei non fosse altro che un fardello da sopportare. La trattava male, non la aiutava e non la curava. La lasciava nel letto, sofferente e senza appetito. Lei dormiva, piangeva, si lamentava. Aveva una malattia molto dolorosa.

Nessuno di noi figli poteva capire cosa passasse nella testa di mio padre. Forse non l'amava più. Forse mia madre per lui era diventata nient'altro che un peso insopportabile. Fu così che papà divorziò, se ne andò e lasciò sua moglie e i suoi figli da soli, senza dare spiegazioni e senza farsi più vedere. A quel punto o io o mio fratello avremmo dovuto prenderci cura di nostra madre e delle due sorelle più piccole. Ma Rick preferiva andare in giro a giocare, e le piccole anche.

Senza avere altra scelta fui io a prendermi cura di tutti quanti.

Ero diventato grande, un uomo, senza volerlo e senza rendermene conto. Stavo tutto il giorno in casa a pulire, a lavare i vestiti, a cucinare per tutti, andavo a cercare da mangiare in giro e cuocevo quello che trovavo. A sette anni portavo avanti la casa.

Ho imparato allora, da piccolo, a lavorare e a pensare. Capii che il lavoro era una cosa molto, molto importante nella vita. Senza lavoro non puoi andare avanti, senza lavoro non puoi vivere.

I miei amici, molti dei quali dormivano in strada, più di una volta mi chiesero cosa ci trovassi di bello nello stare a casa a fare le pulizie e perché non avessi ancora deciso di andare con loro, a guadagnarmi da vivere per la strada. Non ho mai saputo dire perché restavo a fare la casalinga, ma dentro me sapevo che, se non ci fossi stato io, nessuno avrebbe mandato avanti la nostra casa. Mamma era davvero troppo malata per riuscire a muoversi e ad alzarsi dal letto.

Mentre facevo le pulizie in casa, col passare dei giorni, sentii ormai di essere stanco di lavorare per tutta la famiglia, mentre Rick e le mie sorelle si divertivano. Non ce l'avevo con loro, ma quella vita mi era diventata pesante. Da piccolo hai bisogno d'aria. Non ce la facevo proprio più.

Riflettei molto a lungo prima di decidere di scappare per un po'. Sapevo comunque che sarei tornato. Non avrei mai lasciato la mia famiglia così, di punto in bianco, come aveva fatto mio padre.

Una mattina partii verso il villaggio dove abitava la madre di mia madre. Rimasi da lei solo una settimana. In quella settimana era lei a cucinare, a pulire, a tenere la casa in ordine. Ogni giorno trovavo pranzo e cena pronti. Mi riposai. Stavo bene.

Quando tornai a casa mia madre mi riempì di domande: «Dove sei stato?», «Cos'hai fatto?», «Perché sei andato via?», «Non devi farlo mai più!».

Le risposte non c'erano. Cosa potevo dirle? Che ero stanco di lavorare? Che non reggevo più quel ritmo sempre uguale, tutti i giorni, scandito dalle pulizie e dalla cucina?

Dopo quella scenata ho capito che non volevo più stare a casa a lavorare. Un po' la rabbia per il non sentirmi capito da mia madre, un po' la voglia di cambiare mi convinsero a scappare. Era meglio andarsene e provare a vivere in strada, assieme agli amici, magari in città, a Kitwe.

Non dissi niente a Rick né a mia madre e sparii dalla loro vita.

Mi trasferii a Kitwe e cominciai a vivere lì, nelle strade, dove rimasi un anno e mezzo. Si vivacchiava, si mangiava quello che la gente ti regalava, si univano le elemosine raccolte a fine giornata e, tra amici, ci si spartiva il cibo. Non stavo male, ma pensavo spesso a mia madre e al mio gemello. Mi chiedevo cosa facessero mentre io giravo per la strada, cosa sognassero quando io non sognavo niente e dormivo come un sasso sotto il cielo, senza un tetto. Poi, come per magia, un giorno rividi lui, il mio amato fratello. Fu un colpo al cuore.

Prima pensai si trattasse di un sogno. Non era possibile che fosse lui. Poi mi avvicinai a quel ragazzo: era proprio lui.

«Rick!», gli urlai. Da quanto tempo non lo vedevo! Girava da solo per la città e con lo sguardo mi stava cercando. Guardava dietro ogni angolo e posava gli occhi su tutti i ragazzi stesi per terra. Cercava me. Era venuto in città proprio per vedermi e sapere come stavo.

Gli corsi incontro e ci salutammo con affetto. Eravamo tutti e due molto felici di poterci abbracciare, ma io non gli chiesi niente. Se anche gli avessi chiesto notizie sulla mamma e sulla casa mi avrebbe detto cose brutte. Non serviva a niente fare domande di cui conoscevo già le risposte. Non volevo soffrire e pensare ancora a casa.

Dopo una giornata trascorsa insieme, semplicemente camminando e presentandogli i miei nuovi amici, Rick se ne andò. Vidi un'ombra di tristezza nei suoi occhi. Solo molto più tardi ripensai a quel giorno e capii tutto: mio fratello era venuto per cercarmi, certo, ma anche per chiedermi di tornare a casa con lui. Non ebbe il coraggio di farlo, così come io non ebbi il coraggio di chiedergli come stava mamma. Per questo i suoi occhi si erano velati di tristezza. E anche perché quel giorno Rick capì che a casa io non sarei più tornato. Credo che per un attimo Rick abbia pensato che quel saluto era un addio. Addio al fratello sangue del tuo sangue, nato il tuo giorno e diviso da te all'età di otto anni.

Credo che quella sera Rick sia tornato a casa, ma non ne sono certo. Non gli chiesi dove sarebbe andato. Non gli chiesi niente.

Ricordo solo che la felicità di averlo visto fu enorme. Un anno e mezzo di distanza, come anche un solo mese, non sono uno scherzo: stare lontani così a lungo, sentire la nostalgia di una persona che ami, non è un gioco. La mia sofferenza si tramutò in pianto quando lo vidi girare le spalle e andarsene, mentre il cielo diventava nero.

Per altri cinque mesi la mia vita lungo le strade di Kitwe continuò senza di lui.

Poi un amico mi parlò a lungo della grande città, di Lusaka. Mi disse che lì la vita in strada era molto più facile. Ci riflettei a lungo, pensai notte e giorno alla possibilità di andarmene a stare nella capitale. Mi sarei allontanato per sempre dalla mia famiglia. Sarebbe stato un passo definitivo. Alla fine mi sono convinto: sono salito su un treno, senza pagare il biglietto, perché i ragazzini non pagano mai, e sono partito. Ero solo.

Appena scesi dal treno, di Lusaka non mi piacque niente. Tutto mi era estraneo. Cosa ci facevo in una città così grande? Avevo paura.

Ascoltai un ragazzo che mi raccontò di un centro che accoglieva bambini di strada e li faceva dormire e mangiare. Andai subito lì, fin dalla prima notte.

Ero davvero spaesato. Di giorno camminavo, giravo in lungo e in largo per le strade e i marciapiedi di Lusaka. Mi piace molto camminare. Se cammini da solo puoi pensare a tante cose.

Non chiedevo l'elemosina perché non mi piace chiedere soldi alla gente. Sono sempre stato abituato a lavorare, fin da bambino. E io volevo lavorare: solo così puoi guadagnarti da vivere e da mangiare.

Penso che molte persone chiedano la carità solamente perché non hanno voglia di lavorare né di far altro. A casa mia lavoravo e in strada avrei lavorato. La solidarietà e l'impegno partono da casa. Questo ho imparato da bambino.

Mi adattai ai lavoretti che si offrivano ai ragazzi giovani come me: aiutavo le persone a fare la spesa o a spostare le cose, lavavo le macchine. Mangiavo con i soldi che guadagnavo.

Ogni notte tornavo a dormire al centro di prima accoglienza ma anche lì tutti cominciarono a prendersi gioco di me. Dicevano che non parlavo mai, che ero troppo tranquillo e che stavo sempre a meditare. Mi sentii ferito dentro e decisi di cambiare.

Dovevo diventare una persona diversa. Ce la misi tutta. Volevo essere più forte e impulsivo. Volevo pensare meno e agire di più, come facevano tutti gli altri ragazzi della mia età. Dovevo essere più duro, fregarmene di quello che dicevano gli altri, non guardare in faccia nessuno. Ci ho provato, con tutte le forze, ma non ce l'ho fatta. Non potevo cambiare, perché il mio spirito era quello. Il mio comportamento era inesorabilmente diverso da quello degli altri.

Pensandoci bene, in strada ci sono tanti diversi modi di pensare e di comportarsi. Ognuno ha il suo. Ad esempio l'atteggiamento verso la droga è diverso per ognuno. Io non ho mai provato a fumare o a drogarmi. Per questo è difficile, per me, immaginare cosa si prova quando ci si droga. Ci posso pensare intensamente ma non so capire davvero cosa ti succede dentro. Per capire di più certi atteggiamenti, quelli che tutti i ragazzi della mia età avevano in strada, ho provato a bere birra. Le persone bevono, fumano e dimenticano. Così si dice in giro. Ma dimenticano solo per un attimo. Appena hanno smesso di dimenticare devono di nuovo bere e fumare, per dimenticare ancora.

Per strada vedi la gente ubriaca che cammina storta, si appoggia ai muri, ti guarda ma sembra che non ti guardi. Ero curioso di capire cosa si sentisse bevendo, ma non mi è piaciuto.

Non solo non è una soluzione, perché quando non sei più ubriaco ti torna tutto alla mente, ma è anche stupido perché stai male. Bevvi una *shake shake* talmente forte che sarei potuto anche morire.

Noi ragazzi dicevamo che la *Mosi* in bottiglia è la birra per chi pensa troppo, la *chibuku* per chi pensa poco. Le droghe invece sono per i matti. Così dicevamo.

Vivendo in strada, in città, ti accorgi che non esiste una sola cosa buona. Tutti sono impegnati e vanno di corsa. Se cerchi qualcuno lo troverai di sicuro impegnato a fare chissà cosa. Non c'è nessuno disponibile ad aiutarti o pronto a parlare con te.

In *chibemba* c'è un detto che dice: «Un cieco non può guidare un altro cieco». In strada pochi stanno bene. Ci si può aiutare, ma non indirizzare verso un futuro migliore. Se vivi e cresci in strada sei rovinato. Se diventi grande sulla strada è davvero brutto. Non hai un futuro. Non hai progetti. Non sai cosa farai domani né nei prossimi giorni, non puoi decidere niente né fare dei piani.

Nemmeno oggi posso dire cosa sarò. Però posso dire cosa sogno di diventare.

Nessuno sa cosa ci sarà nel futuro. La scuola ti dà tante idee, è vero. Io penso moltissimo al futuro. Ci penso sempre, mi immagino come sarò e mi piace immaginare tante cose belle. Di una cosa sono certo: voglio studiare, magari per diventare un medico.

Mi piacerebbe anche tornare a casa, da mio padre.

Mia madre è morta di malattia quando io stavo al Mthunzi Centre, nel 2002. Avevo quattordici anni.

Mio padre invece si è risposato e sta bene. La sua foto sta sempre nella pagina centrale del mio libro preferito, quello di scienze, nel capitolo delle ossa umane. Ogni tanto la guardo e so che mio padre, chinato sul giardino della sua casa, vestito bene, con la camicia bianca e nera e quei pantaloni scuri, da lontano mi pensa. Non mi piacerebbe vivere con lui, perché la sua nuova moglie non mi piace. Ma a me importa solo di mio padre e avere una sua immagine mi fa tanto bene. Quando prendo la sua foto in mano e vedo i suoi occhi che mi guardano capisco che non si è dimenticato di me e di mio fratello, come invece pensavo sarebbe accaduto.

Al Mthunzi Centre arrivai dietro consiglio di alcuni ragazzi di strada di Lusaka che ogni tanto dormivano con me. In strada è necessario stare in gruppo. Se sei da solo devi sempre difenderti. Se ti capita qualcosa di brutto, ma sei in una banda, almeno hai l'appoggio di qualche amico.

Quando sentii i racconti di chi era già stato al Mthunzi Centre pensai a lungo cosa fare. Ero indeciso se andarci o meno, perché non sapevo cosa mi aspettasse.

Una mattina presto mi incamminai e seguii le indicazioni che mi avevano dato per Kasupe. Quando vidi il cartello «Mthunzi Centre» ebbi molta paura. C'erano erbe altissime dappertutto, sembrava una foresta, nessuna casa abitata attorno e un grande silenzio. Ho subito pensato che ci fosse un tranello e che qualcuno, lì dentro, volesse uccidermi.

«Beh, se mi devono uccidere mi uccideranno. Vorrà dire che questo è il mio giorno, il mio ultimo giorno», pensai. Mi feci coraggio e, forte della convinzione che se dovevo morire non potevo aver paura, mi avvicinai al cancello. Entrai e rimasi solamente un giorno e una notte dentro al Mthunzi. Ho pensato di continuo. Non capivo ancora se stare lì era un bene o un male. Non riuscendo a decidere cosa fare, me ne andai.

Vissi qualche altro giorno in città e poi venni qui con Nicolas, un amico di strada. Lui non era per niente convinto di restarci e, prima di addormentarsi, mi disse: «Se questa notte faccio un brutto sogno me ne vado via».

Quella notte Nicolas ebbe un incubo e la mattina se ne andò, come aveva promesso. Io invece decisi di rimanere.

Ero al Mthunzi da due settimane quando ebbi una sorpresa, la sorpresa più bella e inaspettata che potessi ricevere.

Ero andato a pulire la piscina che sta dietro il centro, quella che raccoglie l'acqua piovana. Avevo voglia di bagnarmi, faceva caldo, e mi buttai dentro all'acqua per nuotare.

Nel frattempo al cancello del Mthunzi Centre si presentò un ragazzo identico a me e Joseph gli chiese: «Ma come? Non eri a pulire la piscina? Hai già finito?».

La sorpresa fu grande anche per Joseph. Il ragazzo uguale a me, Rick, mio fratello, rispose: «No, io sono il suo gemello!».

Joseph sapeva tutta la nostra storia e mi diceva sempre che, prima o poi, mio fratello sarebbe arrivato qui, che non dovevo disperare. Corsero tutti e due alla piscina per dirmelo e io scoppiai di gioia. Era mio fratello! Non lo vedevo da tantissimo tempo. Uscii dalla piscina e gli corsi incontro, tutto bagnato.

Quello fu il giorno più bello della mia vita.

Mio fratello venne a vivere al Mthunzi Centre.

Per la seconda volta non ebbi il coraggio di fargli nessuna domanda. Sono certo che mi avrebbe detto cose molto brutte sulla nostra famiglia. E sono sicuro che mi sarei pentito di aver scelto di vivere in strada, che sarei voluto tornare dalla mamma, per vedere come stava e se era ancora malata. Ma non volevo tornare sui miei passi. Così chiusi la bocca e mi tenni dentro tutte le domande. Anche questa volta Rick fece come me, si tenne dentro mille domande, che credo avrebbe voluto farmi.

So che Rick mi trovò in fretta. Quando anche lui decise di andare a vivere in strada, perché a casa non c'era più cibo, aveva undici anni. Incontrò quelli che erano stati miei i miei amici. Loro gli spiegarono che io ero andato a Lusaka da tanto tempo. Così anche lui prese un treno per la capitale.

In città tutte le persone lo scambiavano per me e gli chiedevano: «Ma non eri andato al Mthunzi Centre?». Così, di traccia in traccia, di voce in voce, arrivò prima al centro di prima accoglienza dove dormivo e poi, da lì, al Mthunzi Centre. Per cercarmi. Aiutato e guidato dal sesto senso che lega i gemelli. Quando ci guardiamo negli occhi, io e Rick, non dobbiamo parlare. È un tacito accordo tra me e lui.

Finalmente dormiamo sotto lo stesso tetto, come quando eravamo bambini. Sapere che mi sveglio e che lui è lì, nel letto a castello sotto il mio, mi fa sentire bene.

Finalmente siamo uniti. Diversi ma uniti per sempre.

Mi chiamano «the President»

Mi chiamano «the President». Cioè, il mio nome è un altro, ma tutti preferiscono chiamarmi così perché conoscono il mio sogno: diventare il Presidente dello Zambia.

Tutti i presidenti che ho conosciuto finora hanno fatto pena. Una volta per tutte, vorrei cambiare le cose.

A dirla tutta sogno anche di diventare un agricoltore, un contadino insomma. Adoro coltivare la terra e veder crescere le piante. È bello scoprire che, se dai cura e acqua ai semi e alla terra, giorno dopo giorno crescono delle piante sempre più belle, da cui trarre frutti e di cui cibarsi. Ho molte idee agricole da sviluppare e se diventerò Presidente potrò sperimentare i miei progetti nei campi.

Se io fossi il Presidente sistemerei il problema dei trasporti dello Stato, asfaltando molte strade per permettere a tutti di spostarsi facilmente e senza intoppi. Le strade in Zambia sono davvero in pessimo stato.

E poi mi batterei per rendere la scuola gratuita e per dare elettricità a tutti. Nei villaggi e nei *compound*, soprattutto di notte, i pericoli sono tanti, perché il buio aiuta la delinquenza e le difficoltà. Così non va bene.

Da Presidente aiuterei anche i ragazzi di strada e darei lavoro a più persone possibile. È ingiusto che chi ha voglia di lavorare debba sentirsi inutile perché non trova lavoro.

Ho vissuto sempre nei *compound* e nelle strade e ho provato sulla mia pelle gli ostacoli e i pericoli che i poveri devono sopportare ogni giorno.

Vengo da Chazanga, vicino Chipata. Mio padre era un capo muratore, dirigeva il lavoro di altri muratori. Costruivano case ed edifici. Io vivevo in casa con mia madre, tre sorelle e un fratello più grande di me, che quando ero molto piccolo andò via di casa per sposarsi. Non lo vidi più, so che andò a vivere con la moglie in un villaggio abbastanza distante da Chipata.

Avevo sette anni quando, nel giro di pochi mesi, due disgrazie si abbatterono sulla mia famiglia. Mio padre fu avvelenato e mia madre morì.

Gli operai dipendenti di mio padre erano molto invidiosi di lui, perché non sopportavano il suo potere e la sua bravura. La gelosia li portò a decidere di eliminarlo, con un metodo usuale in Zambia. Un metodo efficace al primo colpo.

Una sera, dopo aver finito di lavorare, andarono tutti a bersi una birra. Ma la birra di mio padre era diversa da quelle degli altri operai: dentro aveva del veleno. Papà quella sera tornò a casa malandato e con la faccia stravolta dal dolore. Rimase tre giorni a letto e poi morì. Fu una morte fulminante che colse tutti impreparati.

Non feci a tempo a rendermi conto che mio padre non c'era più, che non sarebbe più tornato a casa ogni sera, dopo una giornata di lavoro, che anche mia madre si ammalò. Prima le si immobilizzò un braccio. Ebbe una paralisi, da quanto avevo capito, dovuta alla febbre gialla. Sua sorella, una ragazza molto giovane che viveva nel villaggio, si era ammalata dello stesso male.

Anche la malattia di mamma durò pochi giorni. Vedevo nel suo volto un dolore fortissimo e la preoccupazione di lasciare soli me e le mie sorelle più piccole. Lottava con la vita, ma non ebbe abbastanza forza per vincere la morte.

Una mattina ero in giro nel *compound*, alla ricerca di qualche pomodoro da accompagnare alla *nshima* per pranzo. Quando tornai, coi miei quattro pomodori in mano, sentii un silenzio di tomba. Un silenzio inquietante. Aprii la porta e vidi le mie sorelle che stavano zitte e guardavano la mamma.

Lei era distesa sul letto, senza respiro. Per terra c'era una fotografia. La raccolsi subito per capirci qualcosa e vidi ritratto il viso della giovane sorella, già malata e morta la sera precedente. Le mie sorelle mi raccontarono che prima di morire nostra madre aveva guardato la foto di sua sorella e si era messa a piangere. Dissero che aveva cercato di pronunciare il suo nome, come per richiamarla in vita almeno per un attimo, per risentirla l'ultima volta vicina a sé, ma che non ci era riuscita. Dalla sua bocca era uscito solo un soffio. Un soffio di morte.

Mia nonna, la madre di mia madre, arrivò quasi subito a casa nostra e si prese cura di noi, assieme a una zia. Eravamo molto piccoli e non potevamo arrangiarci da soli.

Quella notte, triste e disperato, volevo a tutti i costi andare a dormire con mamma. Dissi alla nonna che io avrei dormito sopra la tomba di mia madre e che nessuno avrebbe potuto fermarmi. Non potevo lasciarla sola, nel buio e nel freddo della notte. La mattina sarei tornato a casa e tutte le sere sarei andato dove mamma era sepolta, per dormire accanto a lei.

Nonna mi impedì di farlo, mi tenne stretto e mi controllò perché non andassi alla tomba di mia madre. Urlavo e piangevo. Io dovevo andare da lei, per vederla, per parlarle, per starle vicino. Odiavo nonna che mi impediva di dormire con mia madre.

Quando vidi mamma morta sul letto non piansi. Non piansi nemmeno quando la portarono via, perché sapevo che ogni notte avrei dormito con lei. Ma quando capii che la famiglia di mia madre non me l'avrebbe mai permesso, piansi così tanto da non dormire per molte, molte notti.

Durante la giornata andavo in giro e giocavo, gironzolavo con gli amici, non facevo niente di particolare.

Una sera però tornai a casa e mia nonna mi picchiò forte. Non ricordo il motivo per cui lo fece, ma decisi di scappare di casa e scelsi come nuova abitazione un albero.

Andai a dormire sopra un grande albero vicino casa perché non volevo più stare con mia nonna. Sapevo che mi avrebbe picchiato altre volte. Per non essere visto da nessuno cercavo di non farmi notare quando salivo e scendevo dall'albero, al risveglio. Avevo tanto freddo, in mezzo ai rami e alle foglie. Non avevo niente per coprirmi: in alto faceva più freddo che a terra.

I vicini, una mattina all'alba, si accorsero del mio nuovo giaciglio e mi regalarono una scatola di fiammiferi per scaldarmi e accendere il fuoco. «Ti serviranno per addormentarti con un po' di calore», mi dissero.

Avevo paura però che, una volta scoperto il mio segreto, i vicini andassero a dirlo alla nonna, che mi avrebbe riempito di botte. Allora preferii andarmene da lì e mettermi alla ricerca della zia che alla morte di mia madre era venuta a farci visita.

Arrivato a casa sua incontrai mia cugina, una coetanea, che spazzava il pavimento di casa. Entrai e lei mi accolse con uno strano saluto. Mi disse: «Se vuoi stare qui con noi prima ti devo lavare, perché sei troppo sporco». Mi offesi molto. Lei, che aveva la mia età, voleva lavarmi? Come se io non fossi capace di lavarmi da solo! Me ne andai indignato e molto arrabbiato.

Camminai e arrivai a Chaysa. Lì avrei vissuto benissimo da solo. Ero grande, io, e potevo arrangiarmi.

Per un mese vissi per le strade di Chaysa. Rubavo quello che mi capitava sotto mano, dormivo in un container, dove mi rifugiavo per mangiare quello che rubavo.

Ma nel giro di un mese venni scoperto dalla polizia. Stavo rubando in un negozio, mentre il commesso era fuori a chiacchierare, e due poliziotti mi videro. Mi fermarono e mi presero per un braccio. Volevano portarmi al comando di polizia. Io riuscii a scappare dalle loro grinfie. Corsi più veloce che potei e non riuscirono a prendermi. Ero salvo, ma ormai non potevo più stare a Chaysa. Se mi trovavano di nuovo ero finito.

Davanti a me c'era una grossa strada asfaltata. La più grande strada asfaltata che avessi mai visto. Prendendo quella strada sarei sicuramente arrivato in città. Una strada così ben messa poteva solo portare in una grande e bella città.

Sapevo che il centro di Lusaka era molto distante da dove abitavamo noi, ma mi sono detto: «Devi farcela, devi camminare finché puoi e arrivare in città».

C'erano degli operai che aggiustavano dei tratti di asfalto ma non ebbi il coraggio di chiedere loro se quella era la strada per la città. Magari avrebbero spifferato il mio segreto alla nonna o alla zia.

Mi convinsi che era lei, che quella era la strada che cercavo, che prima o poi, camminando lungo l'asfalto, sarei arrivato dove volevo.

Ho camminato per un giorno e una notte seguendo l'asfalto. Dopo venti ore sono arrivato. Ero affamato. Mi sono fermato alla grande stazione di autobus e sono crollato. Ho dormito lì per tutta la notte, senza sentire nessun rumore e senza avere freddo. Ero davvero distrutto.

La notte successiva, invece, il freddo si fece sentire eccome. Non avevo niente per coprirmi, né maglioni né coperte. Allora mi ingegnai e mi avvolsi con dei grandi pezzi di plastica, che un po' mi riscaldavano.

Al mattino incontrai quello che divenne il mio primo amico. Era un tipo molto strano, sembrava fuori di testa. Io gli parlavo e lui non capiva, non rispondeva mai correttamente alle mie domande e diceva cose assurde. Non sapevo cosa volesse dire essere «fatto». Vicino a lui un altro ragazzo stava fumando.

Per me fu come aprire gli occhi di colpo. Quei ragazzi erano diversi da quelli del mio *compound*. Avevano un'aria diversa, una voce diversa, uno sguardo diverso. I loro occhi erano persi nel vuoto.

Ci misi poco a imparare. Non occorre essere dei geni per imparare a essere «fatto».

Mi insegnarono a sopravvivere in strada. Ossia a rubare senza farsi beccare, a fumare, a cercar soldi, a drogarsi. Così si vive in strada. Si rubano vestiti e li si rivende, si ruba il carbone e lo si rivende. Si fuma *dagga*, così si dorme bene.

Quando fumi ti rilassi, senti un bel caldo che ti avvolge,

come fosse una coperta di lana, e ti addormenti subito, senza problemi. Una dose di droga per una sigaretta costa abbastanza poco, solo 100 *kwacha*.

Oltre a fumare si beve molto, si bevono la *Mosi* in bottiglia, la *chibuku* artigianale e lo *shake shake*, una birra molto forte che ti fa sballare.

Più bevevo e fumavo e più volevo diventare matto. Prendevo più droghe possibili, sniffavo anche la benzina fino a che potevo e il mio corpo reggeva. Volevo farlo. Volevo andare «fuori» e avere le allucinazioni, come succede ai pazzi. Non volevo smettere di drogarmi e di bere. Lo feci continuamente dai sette ai tredici anni.

Quando sniffi forte la benzina vedi i movimenti diversi da quelli che sono: se una macchina sta passando di corsa tu la vedi ferma, se le persone che hai attorno stanno camminando tu le vedi ballare e tutto quello che sta attorno a te si muove, come in una grande danza.

La benzina mi piaceva proprio tanto. Una volta con un amico andammo in un posto tranquillo per fumare. Accanto a quel posto c'era un tale che vendeva taniche di benzina. Io e il mio amico abbiamo fumato in pace, poi è arrivato quel tale arrabbiatissimo con noi, perché non trovava più le sue taniche. Ha dato la colpa a noi e ci ha picchiati. Per fortuna ha fatto in tempo solo a picchiarci, perché appena ci vide, pensando fossimo noi i responsabili del furto, voleva darci fuoco cospargendoci di benzina. Ma la gente attorno si intromise e glielo impedì. Ci picchiò e ci trascinò alla polizia, dove però ci rilasciarono quasi subito: non esistevano prove contro di noi. Ci volle poco a capire che ormai anche quello non era più un buon posto per vivere.

A piedi, all'alba del giorno dopo, io e il mio amico ci incamminammo verso Kafue. Per la strada trovammo qualche altro amico e del cibo da mettere sotto i denti. Salimmo sul treno per Mazabuka, ma era una località troppo lontana. Scendemmo e tornammo alla nostra vita di strada. Ogni tanto si facevano dei giri in treno così, tanto per fare qualcosa di diverso. Alle undici di sera eravamo a casa. Cioè, la nostra casa, la strada.

Ho dei grandi vuoti di memoria su cosa facessi tutto il giorno. Mentre stai così, sballato e drogato, non capisci quello che sta capitando attorno a te e ti vengono idee strane. Per esempio una volta decisi così, di punto in bianco, di tornare a casa mia. Arrivai a casa e vidi mia sorella, la più piccola, che mi disse: «Ma tu sei uno *street-kid*!». Non capii più niente. Io non ero uno *street-kid*! Come si permetteva, lei, di chiamarmi così? Era la prima persona che pronunciava quel nome rivolto a me e non lo accettai. La picchiai e me ne andai. So che non avrei dovuto farlo, ma quando sei succube della droga non fai mai quello che dovresti.

Uno dei ragazzi di strada con cui andavo molto d'accordo, Simon, aveva una famiglia, diversamente da me. Lui tornava a casa tutte le sere, dopo la giornata in strada. Un giorno conobbi sua madre, una donna molto gentile che si voleva prendere cura anche di me. Le volevo molto bene e appena avevo tra le mani qualche soldo andavo da lei e le portavo del pane e del latte. Ma presto la famiglia di Simon dovette partire e tornare al villaggio d'origine. Mi chiesero di partire con loro ma dovetti rifiutare. Non potevo andare in un posto che non conoscevo.

Comunque non rimasi a lungo in città. Poco dopo la partenza di Simon accadde che io e il mio gruppo ci mettemmo a spaccare le vetrine di un negozio. Era ancora molto presto, il sole stava per sorgere e con dei bastoni di legno rompemmo la vetrina di una bottega per rubare. La polizia sentì il rumore e accorse subito. Partirono degli spari e uno mi sfiorò. Volevano uccidermi con un colpo di pistola, ma riuscimmo tutti a scappare e nasconderci. Passate poche ore e scampato il pericolo di essere trovati, ci dividemmo. Alle otto in punto ero deciso ad andarmene. Restare in città era ormai troppo pericoloso.

La mia nuova meta era Kanyama.

Fu allora però che, per la prima volta, capii che il mio corpo non stava bene. Il mio fisico si ribellava. Di colpo, senza preavviso, una gamba iniziò a farmi male. Avevo delle fitte lancinanti allo stinco della gamba destra e facevo molta fatica a muoverla. Il dolore venne da solo, non dopo un incidente o cose simili. Dovevo saltare su una gamba sola perché non riuscivo più a camminare. È duro vivere in strada con una gamba sola. Non riesci a fuggire se rubi, non hai di che coprirti se senti dolore: sei ai margini.

Una signora mi vide zoppicare e mi chiese cosa avessi alla gamba e perché non piangessi. Voleva che la seguissi e andassi a casa sua. Accettai. Stavo male, non avevo scelta.

Salimmo sull'autobus, perché non potevo camminare, e arrivammo a casa sua. Aveva un marito e due figli più piccoli di me. Lei lavorava in un negozio e stava via tutto il giorno. Io cucinavo per me e per i bambini. Ogni mattina la donna dava i soldi ai suoi figli per comprare qualcosa da cucinare, qualche pomodoro o un po' di *kapenta*.

Una mattina però i ragazzini non hanno comprato niente per cena e quando la madre è tornata hanno dato la colpa a me, dicendo che io avevo rubato i loro soldi. Ero davvero amareggiato. Era una famiglia perbene e la donna era stata molto gentile con me. Non volevo pensasse che l'avevo fregata. Ma i suoi occhi da quella sera diventarono diversi e capii che non aveva più fiducia in me. La signora non mi mandò via, ma non mi parlò più e non mi rivolse più lo sguardo affettuoso di prima.

Due mattine dopo picchiai uno dei suoi figli e me ne tornai in strada.

Continuai a drogarmi, a fare miscugli malefici di droghe, alcool e colla. Una sera mi feci anche in vena. Volevo provare, c'era chi lo faceva. Ero davvero andato via di testa, sballatissimo.

A volte ero certo di voler morire. Così mi drogavo fino a svenire.

Ricordo una notte, in particolare, in cui svenni. Ero così fatto che gli amici non riuscivano a svegliarmi. Pensavano che scherzassi e per svegliarmi mi buttarono dell'acqua addosso.

Ma io non aprii gli occhi. La mattina mi svegliai bagnato fradicio, congelato e senza ricordare nulla. Volevo solo morire. Stavo malissimo. E nonostante tutto non smisi di drogarmi e di farmi del male. Ero in balia delle droghe.

In uno dei tanti momenti di follia andai anche in una chiesa satanica, dove sapevo che si trovava cibo. La gente che usciva dalla chiesa, mi raccontavano, dava qualche soldo o qualcosa da mangiare ai ragazzi di strada che aspettavano fuori dalla scalinata. Aspettando le elemosine entrai. Fuori c'era un sole forte, dentro era buio da far spavento. Solo nero, nero, nero. Mi fece molta paura.

Furono molti gli episodi in cui ebbi paura. Una volta, per esempio, camminavo per strada con un amico e arrivò una macchina a tutta velocità. Era una macchina molto grande e ci colpì. Il mio amico finì sul cofano, l'autista sterzò e andò a zig-zag fino a fermarsi, fumante, sul campo. Il mio amico cadde a terra e pensai fosse morto. Il signore, un uomo bianco, lo caricò in macchina e lo portò in ospedale. Fui molto felice di rivederlo in città, sano e salvo, qualche giorno dopo.

Ogni volta che succedeva una cosa molto brutta pensavo fosse un segno chiaro: non dovevo più stare in quel posto. Come quella volta al mercato, quando stavo rubando delle banane e ci fu un'esplosione. Tutti gridarono e io capii che da lì me ne dovevo andare per sempre.

La vita di strada è molto dura. Me ne sono reso conto dal primo giorno, quello in cui sono scappato di casa. È dura trovare i soldi, trovare il cibo, sopportare la gente che ti insulta e ti dice di andare a lavorare invece di chiedere l'elemosina. La frase che ho sentito dire più volte è: «Arrangiati! Non ti aiuterò mai: non sono mica tuo padre!».

Per me è stato molto difficile anche comunicare. Non conoscevo l'inglese, mentre in città anche i bambini più piccoli sapevano parlarlo. Quanto mi vergognavo...

Avrei tanto voluto andare a scuola e imparare l'inglese, ma a scuola io, fino a tredici anni, non ci sono mai stato.

Quando arrivai al Mthunzi Centre ero il primo ragazzo ospitato. Non volevo essere il primo.

Joseph mi disse subito che mi avrebbe mandato a scuola ma io non sapevo né leggere né scrivere, così si mise lui a insegnarmi le prime cose. Mi insegnò a contare, uno, due, tre, e poi a scrivere i numeri. Mi disse: «Quando saprai contare fino a cento andrai a scuola».

Mi impegnai tantissimo. Volevo tanto andare a scuola.

Quando arrivai al novantanove saltai, saltai e saltai di gioia.

Mi piace la scuola. Ti insegna tante cose. E mi piace leggere. Molti racconti che leggi ti insegnano cose utili per la vita. Io, nel mio comportamento, seguo quello che mi ha insegnato una storia del mio libro di lettura. È la storia di un ragazzo che da grande vuole fare il capitano. Questo ragazzo, per strada, incontra degli amici che lo invitano a una festa e gli offrono una birra. Lui prima rifiuta l'invito, ma poi si fa convincere e ci va. Quando torna a casa dalla festa la mamma è molto arrabbiata con lui. Il giorno dopo gli amici lo tentano ancora e lo vogliono portare a letto con delle ragazze. Lui non vuole perché sa che molte ragazze sono malate e hanno l'Aids. Gli amici gli assicurano che solo le prostitute hanno l'Aids e che le ragazze che conoscono loro sono tutte sane. Alla fine il ragazzo ci va, si ammala e muore.

Non è bene dar retta a certi amici, perché ci sono compagnie che ti conducono sulla cattiva strada e ti spingono a comportarti male, anche se non vuoi. È da quando vado a scuola che ho capito che gli amici sono pericolosi. Non amo i piccoli gruppi, preferisco stare con tutti, senza preferenze.

In strada devi farti delle amicizie, altrimenti non puoi contare su nessuno. Gli amici della strada diventano la tua famiglia, così come la strada diventa la tua casa. Ci si difende l'uno con l'altro, se qualcuno del gruppo viene picchiato bisogna proteggerlo e vendicarlo.

I miei amici della strada, quando andai al Mthunzi Centre per la prima volta, mi fecero promettere che sarei tornato presto. Rispettai la promessa. Dopo poco tempo tornai in strada a trovarli e loro, vedendo che avevo cominciato a studiare e che sapevo tante cose, mi dissero: «Prima finisci la scuola, poi torna da noi e aiutaci».

In strada a volte ti succedono delle cose così brutte che oggi non vorresti proprio ricordarle. Una volta stavo camminando da solo. Mi si avvicinò un uomo col bastone che cominciò a picchiarmi. Sempre più forte. Non aveva motivo di farlo, non c'erano ragioni. Era un uomo normale, poteva avere una famiglia e dei figli, ma mi ha picchiato. «Perché, perché mi picchi?», gli chiedevo. E lui rispose: «I ragazzi non dovrebbero stare in strada a chiedere soldi alla gente». Ma io non gli avevo chiesto i soldi. Non saprò mai perché mi picchiò. Certe persone sono cattive dentro.

Certo, ci sono state anche molte persone buone nella mia vita. Un signore, vedendomi per strada, buttato in un angolo, mi portò in una parrocchia e mi diede del cibo.

Uno dei momenti più belli della mia vita però è stato quando, a Natale, al centro di prima accoglienza per ragazzi di strada di Lusaka ci diedero in regalo giochi e vestiti. Io ricevetti una specie di chitarra. Per festeggiare l'avvenimento, coi soldi che avevo in tasca, mi comprai delle buonissime frittelle.

Di solito in strada, se hai dei soldi, rubati o regalati da qualche buon passante, ti compri le droghe perché il cibo lo puoi rubare o cercarlo nei cassonetti. Le droghe no, se non hai soldi non le trovi.

Quando penso al passato sono davvero triste.

In diciassette anni ho vissuto tanti momenti difficili. Sono stato picchiato varie volte, ho picchiato varie volte, ho fatto cose che non avrei voluto fare e ho visto cose che vorrei dimenticare.

Ora c'è la scuola che mi aiuta, ci sono le mie passioni, c'è la musica e lo *ngoma*, e finalmente le vesciche spuntate quando ho iniziato a suonare si sono trasformate in calli. Con qualche altro ragazzo del centro abbiamo messo in piedi una band di musica e ballo tradizionali. Ci chiamiamo «Mthunzi culture group» e stiamo vincendo un sacco di concorsi. Abbiamo dei vestiti tutti per noi, fatti dalle sarte di Chicondano con le stoffe tigrate che abbiamo scelto a Lusaka. Anche Kizito, che però non balla nel gruppo, ha una camicia tigrata. Gliel'abbiamo regalata noi.

E poi c'è il piccolo pezzo di terra che mi hanno dato al Mthunzi e che posso coltivare e irrigare: è lui il primo pensiero del mattino. Magari non riuscirò a diventare il Presidente, ma ci proverò, lo prometto.

È arrivato il momento di rifarmi di tutto quello che ho perso.

Devi capire un bambino di strada per diventare suo amico

Solo quando hai capito un bambino di strada puoi diventare suo amico. Devi sforzarti di entrare nella sua testa, nel suo cuore, devi accettare il suo modo di fare, spesso violento, da bambino tradito. Per lui devi essere come un fratello.

Se sei davvero convinto di essergli fratello, lui vedrà la sincerità nei tuoi occhi e finalmente si fiderà di te.

Faccio l'educatore del Mthunzi dal 1994, anche se ho solo trentaquattro anni. A dire la verità forse ne ho anche meno, perché nella carta d'identità c'è scritto 1974, come data di nascita. Io però sono certo di essere nato il 25 settembre del 1971 nell'ospedale di Kitwe.

Mio padre era un minatore e stava giorni e giorni lontano da casa, perché le cave dove lavorava erano distanti da Kitwe. Nonostante avesse un buon lavoro, che lo faceva guadagnare bene, mamma, che principalmente era una casalinga, doveva arrotondare lo stipendio di papà vendendo fagioli e verdure in alcuni mercati di Kitwe e del circondario. Lo faceva per sopravvivere e per far mangiare me e i miei tre fratelli. La primogenita è Eunice, nata nel 1964 e sposata poi con un ragazzo del Malawi. Oggi vive lì, in un villaggio, con tre figli e il marito. La vedo poco, abita molto lontano.

Il secondo fratello è del 1969 e fa affari nel Copperbelt, poi ci sono io e infine Christopher, che ha ventitré anni e frequenta il *grade eleven*. Per mantenersi, il pomeriggio, lavora a Rivonia Farm. Un po' lo aiuto anch'io, per quanto posso.

Quando papà andò in pensione, nel 1980, ci trasferimmo tutti in un villaggio, a otto ore di macchina da Lusaka. Mamma continuava a vendere al mercato, perché i soldi non erano molti e i figli tanti. Papà era poligamo, aveva più di una moglie. Io ero nato da quella più giovane, una donna molto buona ma molto fragile.

Ero un ragazzino giocherellone. La cosa che amavo di più era divertirmi con gli amici. E crescendo mi accorsi di avere un dono speciale: sapevo giocare bene a calcio. Ero davvero bravo. Gli amici mi chiedevano sempre di stare in squadra con loro, perché li facevo vincere. Le provavano tutte per convincermi. Io li «ricattavo» e in cambio della mia prestazione calcistica volevo un pallone tutto per me. Era normale fabbricarsi i palloni da calcio. Molti bambini si mettevano d'impegno a costruirli con carta e plastica. Io non lo facevo mai, tanto me li regalavano. Appena mi davano in mano un pallone nuovo di zecca mi mettevo a giocare con loro.

Avevo un talento così grande che mentre frequentavo il *grade seven*, ossia l'ultima classe della scuola primaria, ero entrato a far parte delle giovanili di un'ottima squadra di calcio, che è ancora tra le migliori squadre dello Zambia.

Dopo due anni di allenamento sono stato selezionato per gli under 18. Le cose andavano molto bene e c'erano le premesse per il passaggio in serie A, nel campionato nazionale. Ma poco prima dell'inizio della stagione mi ammalai gravemente. E le mie ambizioni crollarono.

Quell'estate dovevo anche dare l'esame finale del *grade seven*, per essere ammesso alla scuola secondaria. Qualche giorno prima dell'esame tutte le giunture delle gambe mi si gonfiarono. Avevo le ginocchia e le caviglie grossissime. Non riuscivo a camminare e a stare in piedi. Avevo male dappertutto, dentro le ossa.

Dovetti spostare l'esame perché ero troppo malato. Ogni tanto mi tornavano gli attacchi alle giunture e per ben quattro anni dovetti rimandare questo esame. Fisicamente non riuscivo a sostenerlo, non sapevo nemmeno come arrivare fino a scuola.

I professori, sapendo che ero bravo e che mi impegnavo, insistevano perché terminassi gli studi. Quando capirono che stavo troppo male mi proposero di sostenere l'esame in ospedale, ma prima dovevo fare un test per approfondire le mie competenze. Su cinque prove di inglese, due di matematica e tre di lingua sbagliai solo una prova di matematica. Finalmente potevo sostenere l'esame.

A scuola ero bravo in matematica e volevo molto bene alla professoressa Mutale, quella di scienze e matematica. La consideravo un'amica, oltre che un'insegnante. Ero uno studente estroverso, scherzavo con tutti. Riservatezza e solitudine non facevano per me. Ero proprio come sono adesso, chi mi conosce lo sa. Stavo con tutti senza problemi e se ero assente si sentiva la mia mancanza.

Ricordo che una volta arrivai in ritardo a scuola. La professoressa Mutale cominciò la lezione di matematica e, avvertendo una quiete fuori dal comune in classe, si girò e guardò dritta verso il mio banco vuoto. Capì che ero in ritardo e appena aprii la porta della classe, per farmi sentire un po' in colpa, mi chiese di proseguire nella risoluzione del problema da lei iniziato alla lavagna. Io avevo una faccia tosta incredibile. Senza timori andai alla lavagna e, imitando la voce della signora Mutale, mi misi a risolvere il problema.

La imitai così bene che tutti si misero a ridere. Lei cercava di rimanere seria ma non resisteva. Così, cercando di trattenere il riso, mi disse: «Anche se finirai in America o in Asia tu te la caverai sempre. Sei proprio un bel tipo!».

Se i professori non mi avessero aiutato, venendomi incontro e fissando una data per la prova mentre ero malato, non avrei mai finito la scuola.

Fu allora che capii quanto fosse fondamentale l'istruzione nella vita di un ragazzo, ma quanto fosse anche difficile da portare avanti. Bastano una malattia o la mancanza di soldi per impedire a un ragazzo di studiare.

Dopo due soli anni di vita al villaggio papà si ammalò. Non si capiva bene che malattia avesse, di sicuro una malattia molto grave visto che il 26 agosto del 1982 morì, senza lasciarci il tempo di pensare come guarirlo o di salutarlo.

▲ L'insegna del Mthunzi Centre sulla strada polverosa e rossa di Kasupe. (Le foto sono di Alessandro Pettinari, salvo ove diversamente indicato.)

▲ L'entrata del Mthunzi Centre.

▲ Le casette dei membri di Koinonia attorno al Mthunzi.

▲ I bambini attendono l'arrivo del maestro della Tubalange Basic School (foto di Cristiana Balducci).

Le «mama» di Koinonia raccolgono *lepu* per il pranzo.

Gli uomini di Koinonia lavorano nel campo di pomodori.

Una partitella di calcio a due.

Il tifo per la squadra di calcio del Mthunzi (foto di Alice Palazzi).

Torneo di giocoleria nel cortile.

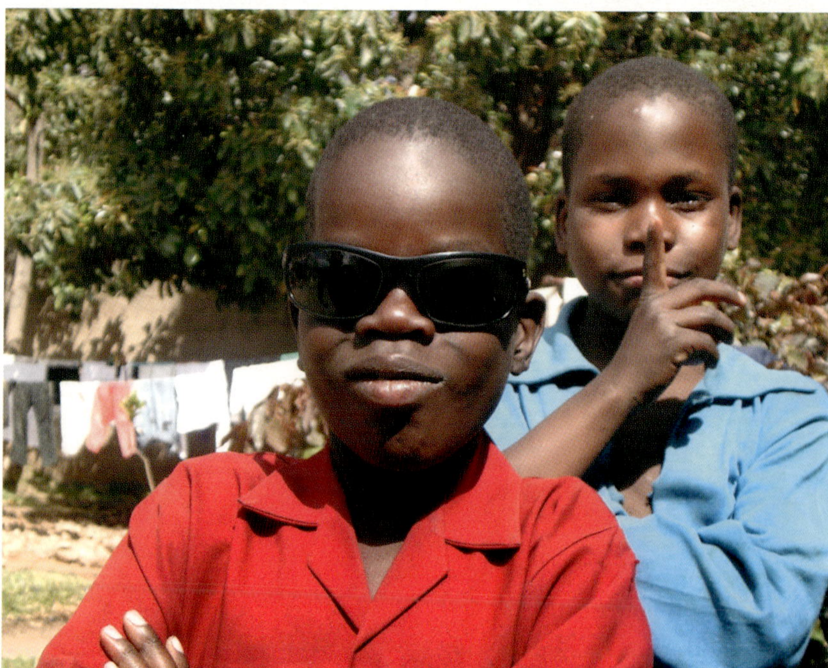

Bricolage col fil di ferro.

«Silenzio, ora tocca a noi» (foto di Luigi Biondi).

Kizito con i «suoi» bambini.

Esibizione al pubblico del Mthunzi Culture Group (foto di Alice Palazzi).

Saluti dai bambini.

I miei fratelli vennero mandati da alcuni zii, io e mamma restammo soli. Senza un soldo. Senza protezioni. Avevamo solo lacrime. Lei era davvero troppo giovane e non sapeva difendersi. Quando papà morì ci tolsero tutto, tutti i soldi che avevamo e quelli che lui aveva messo da parte.

Per il lavoro che faceva, papà era considerato una persona ricca. Non so chi ci portò via tutto. Avevo solo undici anni, cosa potevo capire?

Smisi di andare a scuola perché i soldi non c'erano, ma mamma si prodigò per aiutarmi. Conobbe un prete cattolico che mi volle pagare gli studi. Fu grazie a lui che ripresi ad andare a lezione, ma dopo pochi mesi anche il suo denaro non era più sufficiente. Con quei soldi dovevo studiare, ma io e mamma dovevamo anche mangiare.

Mamma era sempre più debole e triste. Non sapeva reagire, stava cedendo al dolore e agli stenti. Non avevamo niente, poteva succedere qualsiasi cosa e non avremmo saputo in che modo difenderci. Sarei potuto benissimo diventare un bambino di strada.

La vita divenne molto dura. Per mantenermi e non finire in strada capii che dovevo ingegnarmi a trovare qualche lavoretto utile e redditizio. Mi inventai un nuovo mestiere: mi misi a vendere a credito caramelle e gomme da masticare ai miei compagni di classe. Le compravo a un prezzo e le vendevo a poco di più. Se le consegnavo il lunedì mattina entro il giovedì successivo i bambini dovevano assolutamente darmi i soldi. Ero rigido con gli orari e non sgarravo, così loro mi rispettavano e avevano soggezione di me.

Era l'anno di passaggio tra la scuola primaria e quella secondaria e io avevo bisogno di nuovi libri, di una nuova uniforme, dei quaderni e delle penne. Vendere a credito mi sembrava l'unico modo per comprare tutte queste cose. Quello che volevo era essere autonomo per poter cominciare la scuola senza dipendere da nessuno.

Gli affari con gomme e caramelle andavano bene, a scuola ero conosciuto da tutti, ma i soldi guadagnati non bastarono per iscrivermi al *grade eight*. Fu così che mamma mi mandò da un mio fratello maggiore, un fratellastro anzi, il figlio della quinta moglie di mio padre. Lui stava nel Copperbelt con una famiglia numerosa e faceva il minatore, proprio come papà.

Nel frattempo studiai e terminai la scuola secondaria. Volevo a tutti i costi entrare al *college*. Studiare mi piaceva proprio tanto.

Un giorno però lo zio tornò a casa disperato. Si mise a piangere davanti a tutti. Aveva perso il lavoro. A casa sua non c'era più posto per me.

Da lì passai a casa di un altro zio, sempre in un villaggio del Copperbelt, che era disposto ad aiutarmi. Anche lui non era ricco e aveva molti figli, ma disse che poteva tenermi se l'aiutavo nei suoi affari. Fu lui a insegnarmi a vendere il carbone. Questo era il suo lavoro, con cui riusciva a mandare avanti la baracca. Pensai fosse un lavoro remunerativo.

Dopo qualche tempo con lo zio, tentando di racimolare i soldi per entrare al *college*, gli affari col carbone iniziarono ad andare a rilento. I soldi erano sempre pochi e li si divideva in famiglia. Aprii così gli occhi e misi definitivamente da parte l'idea di proseguire gli studi al *college*.

Un altro zio, Oscar, venne a sapere della mia situazione precaria e mi invitò a entrare a far parte di una comunità che era nata attorno a un padre comboniano italiano, padre Kizito, e a un gruppo di amici africani vicino Lusaka. Mi disse che ormai avevo quasi diciotto anni e che lì potevo rendermi utile.

Zio Oscar mi spiegò che dovevo fare richiesta alla Koinonia, così si chiamava la comunità, per venire accettato. Erano i membri della comunità a riunirsi per decidere se inserire qualcun altro nel gruppo. Andai da loro nel 1990, mi presentai e tornai indietro, in attesa che ci pensassero su e mi dicessero qualcosa. Dopo pochi giorni mi arrivò una lettera, in cui c'era scritto che ero stato accettato e che mi aspettavano per un campo di lavoro.

Feci il mio campo di lavoro, che durò pochi mesi. Padre Kizito nel frattempo insisteva perché rimanessi lì con loro. Avevo fatto una bella impressione. Kizito mi svelò che gli altri membri della comunità erano andati personalmente da lui a dirgli che ero un ragazzo buono e valido.

Risposi a Kizito che io avevo ancora in piedi una piccola attività, quella della vendita del carbone, che non andava tanto bene ma che mi faceva guadagnare un po', quel tanto che mi bastava per sopravvivere. Non me la sentivo di mollare tutto su due piedi. Tornai a casa dallo zio e ricominciai a vendere carbone.

Dopo poco mi arrivò un'altra lettera da Koinonia. Stavolta era Beppe che mi scriveva di tornare con loro, che tutti mi volevano.

Quando ricevetti la lettera però ero molto malato. Mi erano tornati i disturbi di quella volta dell'esame, le giunture delle gambe mi facevano male e faticavo a muovermi. Gli risposi che non potevo raggiungerli, che stavo male e che appesantirli di una persona malata non era la cosa giusta.

Beppe mi rispose che se ero malato non aveva importanza, l'importante era che mi unissi a loro. Mi scocciava andare a Koinonia in quelle condizioni. Potevano dirmi di tornare con loro una volta guarito, invece insistettero così tanto che li raggiunsi. Anche se stavo davvero male.

Fu un periodo bellissimo. La comunità si prese cura di me, mi diedero tutta l'attenzione possibile. Nessuno aveva mai preso così a cuore la mia persona. Mi compravano le uova, la farina di soia e le patate per la dieta che il medico mi aveva prescritto. In un mese mi sentii forte come prima. Mi avevano fatto rinascere.

Kizito però era ancora preoccupato per la mia salute e nel 1994 mi mandò per tre mesi in Italia, in un ospedale di Milano dove curarono la mia artrite. A Milano conobbi una persona a cui sono ancora affezionatissimo, Attilia, quella che io chiamo «mama Attilia». Senza di lei in Italia mi sarei sentito solo come un cane. È una signora dolce e con gli occhi grandi e chiari. Mi ha riempito di affetto e di generosità, come una vera mamma.

Dopo quei tre mesi in Italia ero in forma e sapevo di poter dare, finalmente, un aiuto vero a Koinonia.

Gli inizi in comunità furono duri. Forse ero troppo giovane, forse ero solamente diverso dagli altri, avevo un vissuto e un'educazione differenti. Loro mi trattavano da ragazzino, da fratello minore. Avevo paura che non fossero buoni con me e che mi rimproverassero.

Fu allora, nelle difficoltà, che imparai una cosa fondamentale: tutte le persone sono diverse e vanno accettate come sono. Ognuno ha la sua storia e il suo passato: se non accetti questo non saprai mai vivere in una comunità.

Grazie a questa consapevolezza, all'aver vissuto l'accettazione degli altri e le difficoltà della convivenza, riesci a diventare una persona umana, un uomo vero, a rendere la tua vita rispettabile. Impari a mettere a fuoco le cose nel modo giusto, a disporle in fila secondo il loro valore e la loro importanza. È così, dopo aver capito te stesso e gli altri, che sai trovare un tuo posto nella società.

Appena arrivato a Koinonia facevo per lo più lavori agricoli, come tutti gli altri. Si raccoglievano insieme i prodotti della terra, si lavorava nei campi, si annaffiava. Si faceva tutto insieme, condividendo la fatica giorno per giorno. Tutto quello che la terra ci donava era messo in comune.

Poi siamo stati travolti da una lunga serie di problemi, di morti, screzi familiari, crisi economiche. Clement è stato coinvolto in un incidente stradale ed è morto. L'attività della porcilaia è andata a rotoli, mancava l'acqua, qualcuno ci rubava gli animali. C'è stata un'altra perdita importante, un altro fratello, un uomo fondamentale per la comunità. Koinonia era in bilico, la crisi stava facendo crollare tutto quello che si era costruito insieme.

Non potevo permettermi di stare con le mani in mano, così cercai lavoro. Risposi a un annuncio trovato in città e mi misi a fare il barman in un *lodge*. Non l'avevo mai fatto prima, ma mi piacque subito. Venivo molto apprezzato per il mio lavoro, perché sapevo interagire con le persone, sapevo sorridere e far sorridere. La gente iniziava a venire al *lodge* per farmi visita, per due chiacchiere, anche senza consumare nulla.

Molti titolari di altri bar e ristoranti vennero a propormi di lavorare per loro, ma il mio capo, venutolo a sapere, per paura di perdermi mi offrì subito un lavoro migliore.

Diventai un esperto di pubbliche relazioni, andavo in città, al mercato e in giro a pubblicizzare il locale e a intrattenere i clienti. Questa nuova esperienza non faceva altro che arricchire il mio curriculum lavorativo.

Poi Kizito venne a cercarmi per offrirmi un lavoro a Koinonia. Aveva in mente di creare un centro di accoglienza per bambini di strada, che si sarebbe chiamato Mthunzi Centre. Io sarei dovuto diventare un educatore dei bambini del centro, ma prima ancora sarei dovuto andare in giro per le strade di Lusaka a invitare i bambini di strada a trovare rifugio al Mthunzi.

Ho valutato la proposta della comunità. Era una cosa molto diversa dal lavoro che facevo al *lodge*. Non sarei più dovuto stare con gli adulti ma con i bambini. Ero certo che se parlare con gli adulti mi risultava facile con i bambini mi sarebbe venuto ancor meglio. I bambini sanno apprezzare le cose molto più dei grandi.

Accettai e venni seguito da Odadi, un ragazzo keniano che era venuto appositamente a Koinonia per avviare con noi questo progetto. Lui era molto esperto perché a Nairobi, in un centro che si chiamava Kivuli, appoggiato sempre da padre Kizito, era già avviato un progetto per i bambini di strada.

Dopo sei mesi di progettazione, di lettere e burocrazia, si cominciò davvero.

Il mio primo giorno in strada con Odadi fu il 21 gennaio 2000. Non posso dimenticare quella data. Guardavo cosa faceva il mio amico Odadi, come si comportava coi bambini, per imparare e cogliere i dettagli.

Quel giorno, assieme a noi, tornò a casa il primo bambino di strada accolto da quello che ormai avevamo deciso di chiamare Mthunzi Centre, che ha lo stesso significato di Kivuli, solo che uno è in lingua *chinyanja* e l'altro in *kiswahili*.

Ho imparato in fretta, assieme a Odadi. Fu lui ad accorgersi che ero davvero portato per quel lavoro. Mi invitò a provare ad andare da solo in città. Ero molto veloce a interagire con i bambini. Loro si fidavano subito di me. Era una vera fortuna.

Andai da solo per le strade di Lusaka e portai al Mthunzi cinque bambini di strada in una volta sola.

Però non mi accontentai del mio successo con i bambini e volli approfondire questo lavoro. Così frequentai vari corsi di formazione organizzati dal Pci per diventare assistente sociale.

A dir la verità non è obiettivamente facile rapportarsi con i bambini di strada. Ma è grazie alla precedente esperienza in Koinonia che ho saputo accettarli, proprio come ho accettato gli altri membri della comunità. Solo così, accettandoli, riesci a vincere la loro diffidenza, a strapparli dalla strada e a inserirli nella società, per dargli un futuro, un futuro che prima non avevano.

Koinonia mi ha insegnato a capire gli altri, a comprenderli. La mia difficoltà iniziale a far parte della comunità e ad accettare la diversità delle persone mi ha fatto acquisire una maggiore sensibilità. Avevo provato sulla mia pelle cosa significa sentirsi diversi: perciò sapevo capire i bambini.

Prima di tutto devi entrare nella loro psicologia, devi conoscere il fardello doloroso che si portano dietro dopo l'esperienza in strada. È un fardello pesante e difficile. Questo non devi dimenticarlo mai.

I bambini di strada sono stati maltrattati, ingannati, hanno subito delle violenze. Se riesci a trattarli come fratelli minori, loro possono fidarsi di te. Solo con la fiducia instauri un rapporto sincero. E poi devi avere chiara in testa la situazione in cui si trovano.

L'approccio che ho con i bambini in strada è semplice e diretto. Dopo aver riflettuto devi capire da che tipo di esperienza vengono. Sono state fatte loro cose molto brutte, anche da quelle persone di cui si fidavano. Solo se sei convinto che per te sono dei fratelli, loro sentiranno questa sintonia e capiranno che tu vuoi davvero essere un fratello per loro.

È importante il modo in cui ti presenti, devi dire chi sei, come ti chiami, da dove vieni e cosa gli offri. Ti devi raccontare in modo leale e semplice, perché il primo contatto può causare il successo o l'insuccesso del tuo obiettivo, che è quello di proporre loro una vita diversa al Mthunzi. Può sembrare assurdo ma se sbagli a farti conoscere loro non verranno mai via con te.

Di solito incontri un gruppetto di quattro o cinque bambini di strada che rifiutano il tuo invito, ma magari c'è un altro gruppo che ha sentito la tua proposta e si interessa. I primi però vanno da quelli del secondo gruppo e fanno di tutto per allontanarli da te. Dicono che al Mthunzi qualcuno li ucciderà, che sicuramente ci sarà qualcuno che vorrà far loro del male, ricordando quanto male hanno sofferto finora, quanti maltrattamenti e quante botte.

Se pensi a tutte le violenze che hanno subito, puoi calibrare il tuo approccio e non demordere. La strada ti porta a diffidare di chiunque. Perché dovrebbero riporre la loro fiducia in te?

Così devi spiegare bene cosa si fa al Mthunzi, che tipo di aiuto puoi offrire loro. Devi insistere sul fatto che vuoi solo aiutarli, anche se per loro è strano che qualcuno voglia aiutarli in cambio di nulla.

La scelta finale spetta sempre ai bambini. È una regola fondamentale. Non intendo forzarli a fare qualcosa che non vogliano fare.

A volte vengono con me al Mthunzi e appena arrivano dicono che non ci vogliono stare. Non li forziamo mai a rimanere. Non obblighiamo nessuno a fermarsi con noi. È una cosa che non si deve fare in alcun modo.

Se li forzi la decisione non verrà da dentro di loro e non resteranno con te perché si fidano, ma perché gli hai imposto qualcosa. Se invece la scelta sarà la loro, apprezzeranno come li tratti e la vita che il centro può offrire.

Avvicinare i bambini in strada è pericoloso. Spesso sono sotto l'effetto di droghe pesanti e potrebbero farti del male, senza rendersene conto. Potrebbero pensare che ti avvicini a loro per ucciderli, e per reazione potrebbero essere loro a cercare di uccidere te. Devi stare attento perché può capitarti di tutto. Sono bambini disperati. E qualcuno, anche un educatore, potrebbe non accettarlo.

La cosa ideale è trovare il posto e il momento migliore per avvicinarli. Mai andare da loro di fretta, senza pensare, e chiedere subito quello che hai in mente. Prima devi osservare cosa fanno, poi muoverti con calma e organizzare l'incontro nel modo più ponderato.

Alcuni ragazzi in strada cambiano completamente. Diventano altre persone. Persone peggiori, nella maggior parte dei casi.

Quando incontrai Richard, uno dei primi bambini ospitati al Mthunzi, pensai che fosse matto. Ero con Odadi. Ci siamo guardati e abbiamo pensato che quel ragazzino fosse assolutamente fuori di testa, uno psicopatico. Era confuso, parlava in modo sconnesso, urlava come un ossesso. Non fu facile relazionarsi con lui e avevamo paura di condurlo al centro. Ci provammo ugualmente, promettendoci di stargli dietro e di fare attenzione a quello che faceva. Dopo due giorni il comportamento di Richard è cambiato totalmente. Era tornato normale. Non era mai stato pazzo, era solo drogato, allucinato, rabbioso. Da anni stava in strada e sembrava aver raggiunto un punto di non ritorno.

Questo dimostra che la vita di strada ti porta a reagire in tantissimi modi diversi, ti fa cambiare, ti fa essere quello che non sei e che non vorresti essere.

In strada non hai nessuno che ti protegga. Se sei malato potresti anche morire. Nessuno se ne accorgerà. Magari i tuoi amici di strada capiranno che stai male ma non avranno i mezzi per aiutarti a sopravvivere.

Una volta incontrai un bambino di strada di nome Sandi: se ne stava in disparte dagli altri. Mi avvicinai e gli chiesi come si chiamava. Lui si girò dall'altra parte, senza rispondermi, tenendo la testa tutta piegata da una parte, come per nascondersi da me. Aveva una strana smorfia di dolore in viso. Si copriva perché si vergognava del suo male. Guardai bene e notai che la parte destra della testa era gonfissima. Forse aveva avuto uno scontro con un'auto.

Gli chiesi se stava bene o se era malato. Sandi disse che stava bene, che aveva solo un po' di mal di testa. Non mi convinse, si vedeva che soffriva molto. Gli chiesi di poter guardare la sua testa. Un po' controvoglia mi disse di sì, ma insistette che facessi piano perché gli faceva molto, molto male.

La sua testa era soffice, gonfia, morbida come un palloncino. Probabilmente aveva un riversamento di sangue o di acqua, non so. Era una cosa terribile. Aveva avuto un incidente stradale. Una macchina gli era andata addosso a tutta velocità. Lo portai subito in ospedale, dove rimase una settimana. Avrei potuto non insistere, ma sapevo che nessuno lo avrebbe guarito. Poteva morire, senza dir niente a nessuno, senza neanche piangere davanti agli altri.

Ci sono ancora tanti bambini di strada a Lusaka. A volte ti chiedi dove andranno a finire, come si salveranno. Io faccio qualcosa per loro, ma il Mthunzi non può contenerli tutti.

Uno dei miei desideri più grandi è quello di far raggiungere ai ragazzi che stanno qui al Mthunzi un buono standard di vita, quello standard che tutti i bambini della loro età dovrebbero ottenere, ossia un'istruzione, degli affetti, la possibilità di un futuro.

Cerchiamo sempre di ricongiungere i bambini che sono arrivati al Mthunzi con le loro famiglie, se c'è ancora qualche parente vivo. Spesso madri, padri, nonne vivono in alcuni villaggi molto poveri e non potrebbero tenere con sé un figlio senza mandarlo in strada. Così ogni Natale, quando ci sono le vacanze, portiamo i bambini a trovare i loro parenti. Sono sempre momenti molto emozionanti. Spesso mi viene da piangere, ma trattengo le lacrime, tanto ci pensano i bambini a piangere come fontane.

Se penso a quel che sono adesso, un uomo con una moglie e una famiglia, so che devo tutto questo non alla mia intelligenza o al mio spirito brillante, ma alla comunità e a quello che padre Kizito mi ha insegnato. Come io sono cresciuto con Koinonia, così i bambini impareranno dalla comunità tante cose utili per il loro futuro.

Anche per il figlio che mi sta per nascere voglio il meglio. Sono sposato con Chimunya, una donna molto bella, per me una delle donne più belle del mondo. Ora sono felicissimo perché aspettiamo un bambino. Non so se sia maschio o femmina, ma siamo trepidanti.

Mia moglie è giovane, ha ventitré anni e fa la maestra. Il pomeriggio, da quando abita con me qui al Mthunzi, aiuta i bambini nei compiti e dà ripetizioni a quelli che non vanno benissimo a scuola.

Ci siamo incontrati a una cerimonia per la festa dell'Indipendenza, a Lusaka. Io ero lì con tutti i ragazzi del Mthunzi, lei con la sua classe della scuola primaria. Quando l'ho vista mi è piaciuta subito. Bellissima. Senza farmi tanti scrupoli mi sono avvicinato a lei e le ho parlato. Mi sembrava di interessarle, ma con le donne non si può mai dire. Le ho chiesto l'indirizzo ma poi l'ho perso, nel caos della festa.

Ho cercato informazioni sul suo conto in giro e dopo un mese sono andato a trovarla nella scuola dove insegna. Le ho fatto una gran bella sorpresa. Poi le cose sono andate come dovevano andare, cioè benissimo. Sogno che mio figlio non debba mai soffrire quello che hanno sofferto i bambini del Mthunzi. Lavorerò duro per il suo futuro e perché vada a scuola.

Sogno anche che mia moglie non si trovi mai nella situazione difficile in cui si trovò mia madre. Quando ho perso papà, mamma si è trovata sola, senza aiuti, senza un soldo, senza amore. Se dovessi morire all'improvviso, voglio che mia moglie abbia tutto quello che le serve, che riesca a farcela da sola, con tutti i figli che avremo, e che possa realizzare i suoi desideri.

Fino a che potrò combatterò per i diritti dei bambini, per il loro futuro, e affinché le persone a cui voglio bene ottengano quello che desiderano. Non bisogna mai smettere di lottare.

Voglio che questi ragazzi, grazie all'aiuto del Mthunzi, escano dal centro e si costruiscano una vita tutta loro, piena di amici e di momenti felici. Voglio che vengano apprezzati dal mondo esterno per quello che sono. Perché fuori c'è il mondo che li sta aspettando.

Magari qualcuno di loro potrà restare qui, nella comunità, e avere un ruolo di educatore o di coordinatore. Quando io non ci sarò più, vorrei che loro si ricordassero di me, del loro «fratellone», di quello che io ho fatto con loro e per loro. Siamo cresciuti insieme, io e i bambini. So che resterò sempre il loro «zio Mtonga», qualsiasi cosa succeda.

Fermata dell'autobus numero 31

Fermata dell'autobus numero 31. È qui che scesi la prima volta che arrivai in città.

Il mio autobus partiva da Kalulushi, vicino Ndola. Io e i miei sei anni, mio fratello Katewe e i suoi quattro, mia madre e due valigie. Una la portava lei, l'altra io.

Siamo scesi dall'autobus intimoriti. Dovevamo ricominciare tutto da capo. Senza mio padre e senza un soldo.

Papà era un autista di autobus e ci picchiava sempre. Appena ci vedeva ci picchiava. Io e Katewe di lui ricordiamo solo la faccia arrabbiata e le botte.

Mamma stava in casa e si prendeva cura di noi due e di altre due sorelle, più piccole di me.

Papà tornava a casa ubriaco, a qualsiasi ora del giorno e della notte. Dopo il lavoro beveva sempre. E diventava cattivo. Urlava a me e a Katewe che dovevamo cercare il cibo e i soldi in giro, invece che stare in casa a dare fastidio. Secondo lui io, che ero il suo figlio più grande, avrei dovuto stare tutto il giorno in città a cercar soldi da portare a casa. Siccome mamma non ci voleva mandare in giro a chiedere l'elemosina e rubare, lui ci riempiva di botte. E picchiava anche mamma. Lei piangeva in silenzio ma non si lamentava mai.

Un giorno, disperata, mamma si rivolse a un nostro vicino di casa e gli domandò cosa fosse giusto fare. Lui venne a casa nostra e disse: «Scappa, vai via e porta con te i tuoi figli, se non vuoi che tuo marito li uccida tutti con le sue stesse mani».

Mamma non voleva andarsene, o almeno non voleva che

noi andassimo via con lei. Non c'era futuro per noi e non voleva ficcarci in altri guai.

Ma il vicino, rivolgendosi a mamma, continuò: «Se li vuoi salvare, se vuoi sapere che i tuoi figli sono vivi, devi andartene. Ricorda che, se li lasci qui, poi non potrai venire da me a piangere perché sono morti. Io te l'ho detto, sta a te la scelta».

Mamma si convinse che era giusto partire, senza dire niente a papà, che altrimenti ci avrebbe ammazzati di botte. Le mie sorelle furono date a una zia, che si sarebbe presa cura di loro.

Successe tutto in pochi minuti.

Mamma mise i nostri pochi vestiti in due valigie. La zia venne a prendersi le nostre sorelle. Al mattino, appena nostro padre andò a lavorare, chiudemmo la porta di casa, sapendo che lì non saremmo più tornati. Mamma mi diede una valigia in una mano. L'altra la prese lei.

Alla stazione prendemmo un treno per Lewis, poi salimmo su un autobus in direzione Lusaka.

Alla fermata numero 31 scendemmo. Davanti a noi c'era Misis.

Lì viveva la madre di mia madre, una donna cieca che abitava da sola. Con lei ogni tanto stava un ragazzo molto giovane di nome Crispine, che la aiutava a mangiare e sopravvivere. Lui, quando poteva, le dava del cibo e lei lo faceva dormire sotto un tetto, invece che per strada al freddo.

Crispine era molto, molto magro, aveva solo un anno o due più di me ma era molto più alto. Mi piaceva, era un ragazzo buono e simpatico. Di poche parole, ma speciale.

Eravamo poverissimi. Si mangiava un giorno sì e uno no, se andava bene. Tutti i giorni andavo in città a chiedere l'elemosina e la sera tornavo a casa a dormire. Sperando di essere riuscito a trovare qualcosa da mangiare per la famiglia.

In città erano i *wuzungu* a darmi dei soldi. Gli africani mi disprezzavano e mi dicevano: «Non sono tuo padre. Torna a casa tua e chiedili a tuo padre, i soldi». Ma io un padre non l'avevo. E i soldi dovevo portarli a casa, per me, per Katewe, per mamma e per nonna.

I bianchi invece mi regalavano qualche spicciolo o cose così. Io portavo tutto a casa, senza spendere neanche un centesimo. Mamma coi miei soldi comprava dei pomodori e la farina per fare la *nshima*.

Una volta, ricordo benissimo, portai qualche moneta in più del solito. Lei poté comprare dello zucchero per il mio fratellino appena nato. Perché, mentre abitavo a Misis con la nonna, mi nacque un fratellino, che oggi avrà circa tre anni. Quel poverino non mangiava mai, proprio come noi. E piangeva sempre.

In strada io, Crispine e Katewe stavamo sempre assieme. Eravamo piccoli e stare vicini ci aiutava a sostenerci e ad affrontare le difficoltà. Condividevamo tutto, dai vestiti al cibo. Se hai qualcosa da mangiare è bello condividerlo con le persone a cui vuoi bene.

Ricordo una giornata bellissima, vicino all'Agriculture Show. Salimmo sul ponte numero tre e comprammo una lattina di latte alla vaniglia. Facevamo un sorso a testa, così ce la dividevamo in modo giusto. L'abbiamo bevuta insieme, pieni di allegria. Fu un momento che non dimenticherò mai. Eravamo felici.

È stata l'unica volta che coi soldi guadagnati dalle elemosine ho comprato qualcosa per me e per i miei amici, senza portarli tutti a mamma. Quel giorno i passanti erano stati generosi e mi avevano dato qualcosa in più, così ho pensato che potevo riportare i soldi a casa, ma anche farmi un regalino.

Ci fu un signore, in particolare, a insegnarmi cos'era la condivisione. Un uomo bianco con una barba bianca. Me lo ricordo bene. Crispine e Katewe quel giorno mi avevano chiesto di andare da solo a chiedere l'elemosina, mentre loro sarebbero andati da un'altra parte. Dovevamo dividerci, così magari tiravamo su più soldi e mamma sarebbe stata più contenta.

Ci siamo separati, ma poi, per caso, ci siamo incrociati nello stesso supermercato. L'uomo che usciva dalle porte del supermercato stava dando a Crispine e a Katewe delle monete.

Poi ha visto me, che li salutavo e mi avvicinavo. Allora ha detto ai due: «Divideteveli da buoni amici. La condivisione è una cosa molto, molto importante».

Abbiamo imparato la lezione e da allora abbiamo sempre condiviso tutto.

Bisogna stare molto attenti, in strada, se hai dei soldi addosso. Una volta c'era un ragazzo che, mentre chiedevo la carità, mi guardava fisso. Mi trovavo davanti al supermercato. Appena una signora mi diede in mano qualche *kwacha* lui mi corse dietro per derubarmi. Io sono corso veloce dalla polizia, che mi ha fatto sviare in un'altra strada, così il ladro non mi ha preso. Ero salvo e, per fortuna, con tutti i soldi in mano da portare a mamma. A volte la polizia ti picchia, a volte ti dà dei soldi. Dipende da come le gira. Con me è stata abbastanza buona. Tranne una volta, che mi prese e mi picchiò forte.

Io e mio fratello avevamo visto un matto con un sacco di pane sotto il braccio. Ci siamo messi a ridere, perché quello faceva delle facce strane e parlava da solo. Non pensavamo di essere visti, invece il tizio non era sordo e si accorse di essere preso in giro. Posò per terra il sacco col pane e ci rincorse per picchiarci. Ci urlava delle cose brutte e noi correvamo più veloci della luce. Ma, girato un angolo, siamo finiti tra le gambe dei poliziotti, che ci hanno dato botte su botte.

Alla polizia non piace vedere i ragazzi di strada in giro per la città. Se un ragazzo di strada sta correndo di solito ha appena rubato qualcosa. Ma noi quella volta non avevamo rubato niente.

Se fai una sola cosa sbagliata la polizia ti picchia. Di modo che la volta successiva ti ricordi delle botte che ti aspettano e non la fai più.

Ma, più che la polizia, in strada il problema è scaldarsi. Il freddo è tanto e ti entra nelle ossa. Non sempre riesci a trovare un buon posto dove accendere il fuoco e le coperte non ci sono mica, a differenza che a casa. Ero fortunato ad avere ancora una casa dove poter tornare, la sera. Magari lì non mangiavo niente, ma avevo un posto caldo dove dormire.

Quando dormivo per strada il freddo mi tormentava. E si dormiva poco. Forse stando per molto tempo in strada ci si abitua. Ma io non mi abituavo mai. E sentivo sempre freddo.

Io, Katewe e Crispine stavamo sempre assieme, ma non appartenevamo a nessun gruppo. Era molto pericoloso non avere un gruppo perché, solamente in tre e così piccoli, dovevamo sempre fare attenzione agli altri.

Se i bambini di strada ci vedevano in giro volevano i nostri soldi. Tu eri stato tutto il giorno a chiedere l'elemosina e finalmente stavi andando a casa per portare i soldi ricevuti alla mamma, quando quelli ti fermavano e ti rubavano tutto. Dovevi tornare a casa senza niente, metterti a letto senza mangiare e vedere la faccia triste e delusa di tua madre.

Se però non avevi soldi in tasca, gli altri ragazzi di strada si accanivano lo stesso e ti picchiavano perché non ci credevano. Quando si accorgevano che addosso non avevi neanche una moneta era troppo tardi. E tu eri già pieno di botte e calci.

In strada manca anche l'acqua. Hai sempre sete e non hai niente da bere. Forse la sete è peggio della fame. Se vuoi acqua non sai proprio come fare, mentre per il cibo ti arrangi con qualcosa che trovi per terra o nella spazzatura.

La notte, quando si restava in città, dormivo dentro le scatole di cartone. Ma con un occhio aperto, perché è pericoloso. Se qualcuno mi vedeva, dentro la scatola, poteva bruciarla e darmi fuoco.

Il motivo per cui alcune persone vogliono farti male è sempre lo stesso: i soldi. Perché coi soldi puoi mangiare e bere e scaldarti. Mentre in strada tutti hanno fame, sete e freddo.

Non mi piacevano i pericoli della strada. Ero sempre impaurito e dovevo fare forza anche a Katewe, che era piccolo. Allora per farlo stare meglio facevo finta di essere forte e sicuro di me, così Katewe non aveva paura. Ma non mi sentivo molto forte e speravo che le cose cambiassero, da un momento all'altro.

Non sapevo come potesse cambiare la nostra vita. Sapevo però che così non mi piaceva.

Un nostro amico di Misis, Brian, ci raccontò che a Kasupe esisteva un centro per ragazzi di strada. Disse che si chiamava Mthunzi Centre. Ce lo descrisse, ci raccontò cosa si faceva in questo centro, perché lui ci era già stato. Io e Crispine ci siamo guardati e abbiamo subito pensato la stessa cosa: «Proviamo!». Ma Katewe non ne voleva sapere. Si mise a piangere a dirotto, disperato, e decise di non seguirci. Tornò a casa da mamma.

Quel giorno io e mio fratello ci separammo per la seconda volta, dopo quella dell'elemosina al supermercato. Ma sentivo che questa volta sarebbe stata più lunga e difficile.

Io, Crispine e Brian, che fu contento di accompagnarci, salimmo su un grande autobus. Scendemmo a Rivonia Farm e ci incamminammo a piedi verso il Mthunzi Centre. Avevamo un po' di paura, ma Brian ci rassicurò e ci disse che quello era il posto giusto per noi.

Ci speravo tanto. Forse cominciava una nuova vita.

Giunti al cancello arrivò subito Joseph che chiese a Brian chi fossimo noi due e cosa volessimo.

«Vogliono stare qui!», rispose Brian.

«Allora tanto per cominciare fatevi una doccia, poi ne parliamo», rispose Joseph, guardando me e Crispine, sporchi e coi vestiti laceri.

Avevo otto anni e tanta fame. Joseph mi diede un piatto di *nshima* e *kapenta* e finalmente la pancia si sentì piena, come non si sentiva da tanto tempo.

Ero contento di stare qui, ma pensavo a Katewe e alla mamma. La sera pregavo che Katewe mi fosse vicino e che mamma stesse bene. Dopo pochi mesi le mie preghiere si avverarono: arrivò anche lui, il mio fratellino. Venne qui con la mamma.

Lui si trasferì al Mthunzi e cominciò ad andare a scuola nel *grade one* della Tubalange Basic School, io nel *grade second*. Si stava proprio bene.

Studiare è molto bello e finire gli studi è oggi la prima cosa che desidero. Devo studiare ancora a lungo perché ho solo tredici anni, ma sono felice di farlo. Poi magari vorrei fare l'autista di autobus, come papà. Ma è un sogno, non so se si realizzerà.

Papà è cambiato. L'ho visto qualche mese fa e sono stato tre settimane con lui a Ndola. Sono contento di avere di nuovo un papà vero, che non mi picchia e che non è più cattivo. Ora è gentile e dolce, sia con me che con Katewe. Ha cambiato lavoro e fa il minatore nelle miniere di rame. Si è riappacificato con mamma e penso che in poco tempo torneranno a vivere insieme, nella casa di mio padre a Ndola. Saranno lontani da me, ma ogni tanto potrò andare a passare le vacanze a casa loro.

Li penso spesso. Soprattutto penso a mamma e ogni tanto vado a trovarla a Misis.

La nonna, quando vado a Misis di mattina, non c'è mai. È sempre in città con il mio fratellino più piccolo, quello di tre anni. Vanno a chiedere l'elemosina. Come facevo io. Lui la accompagnerà, tenendole il braccio, perché nonna è cieca. E chiederà aiuto e soldi alla gente. Spero che riescano a guadagnare qualcosa.

Per questo mi piacerebbe studiare e diventare un autista. Così potrò aiutare la mia famiglia. E nessuno dei miei fratelli dovrà più andare in strada. Io porterò a casa i soldi e potremo mangiare e bere tutti i giorni.

Anche una sola volta, ma tutti i giorni.

Pace e giustizia sono necessarie per tutti

«Pace e giustizia sono necessarie per tutti. I genitori e gli zii educano i giovani affinché diventino dei futuri leader».

Queste sono le parole di una mia canzone, che s'intitola *Giustizia*. È da un anno che scrivo canzoni, da quando ho compiuto diciannove anni.

Ho sempre amato la musica. Credo che, con le sue parole, la musica sia uno dei modi migliori per esprimere la propria rabbia, per urlare i diritti delle persone, per dire al mondo che l'ingiustizia esiste e sta davanti agli occhi di tutti. Di tutti quelli che la vogliono vedere. Solo in pochi però si rendono conto di quanto si debba lottare per sopravvivere, lavorare e restare in piedi.

Per le mie canzoni uso il rap perché posso scrivere frasi lunghe e con tanti significati, senza dover star dietro alla melodia.

Amo scrivere canzoni politico-sociali, che raccontano della difficoltà di trovare un impiego, nella società di oggi. Quando troverò la band giusta vorrei diventarne il cantante ed esibirmi davanti a tante persone, per diffondere le mie idee sui problemi politici e governativi.

Quando scrivo m'ispiro a fatti di vita vissuta, ma invento anche. Mescolo realtà e immaginazione, come nella canzone *Lavoro e impiego*. Dice più o meno così: «Ho girato in lungo e in largo per cercare lavoro ma non l'ho trovato da nessuna parte. A casa mi hanno messo nei casini. Ora che sono grande voglio una casa, ma la mia ragazza sta pensando di andarsene via da me. Anche le mie scarpe sono rotte, per questo i miei amici mi aiutano. Piango per dire no, piango per dire no, piango per dire no».

A dire la verità oggi la ragazza non ce l'ho e sto ancora studiando. Ma quando scrivo mi lascio trasportare e penso al lavoro, al futuro, a come sarà la mia vita da grande.

Mi piace comporre di notte, mentre gli altri dormono. Non ci sono molti momenti di silenzio al Mthunzi Centre, bisogna aspettare che i piccoli dormano e non facciano rumore.

Ogni volta che capita chiudo gli occhi e immagino un ritmo. E col ritmo vengono le parole. Batto il tempo col piede e ci canto sopra, a bassa voce o con la mente. Le parole escono da sole, a flusso continuo. E quando sarò il leader di una band avrò molto più tempo e più tranquillità per scrivere canzoni.

Sono sempre stato un leader.

In strada non ho fatto niente per meritarmi il titolo di capo, sono gli altri che hanno deciso che io lo fossi. Basta essere forti, di fisico e di carattere, perché il capo deve proteggere i piccoli del gruppo e saper farsi portare rispetto dagli altri. Autorità, carisma ed età sono gli elementi fondamentali per diventare un leader. Non è tanto l'esperienza nella vita di strada che ti fa guadagnare credibilità sugli altri. La forza che hai dentro vince sulle altre qualità.

Non stavo male in strada, essendo un capo.

La vita di strada è come la vita di casa. Non ci sono tante differenze. L'unica cosa diversa è che gli amici si trasformano nella tua famiglia.

Iniziai a vivere per le strade di Lusaka all'età di undici anni.

Della vita precedente non ho ricordi molto belli.

Mio padre lavorava per i trasporti zambiani-tanzaniani. Era un camionista e percorreva sempre la strada che unisce lo Zambia alla Tanzania.

Siamo originari di Dar Es Salaam, in Tanzania. Ogni mattina mio padre usciva e non sempre tornava la notte. Era un lavoro faticoso, il suo. Lo vedevo dalla stanchezza che regnava nei suoi occhi quando rimetteva piede in casa. Fu proprio la stanchezza, forse, che un giorno gli cadde addosso. Ebbe un incidente stradale. Non ne uscì vivo. Stava andando dalla Tanzania in Zambia, come ogni volta. Ma quella volta fu fatale e morì.

Non volevo crederci. Quando ogni volta, dopo un viaggio, tuo padre torna a casa, non pensi che un giorno potrebbe non tornare più. Quel giorno non potevo crederci.

Io, mia madre e i miei tre fratelli rimanemmo senza parole. Volevamo almeno andare ad assistere al suo funerale, che si sarebbe svolto in Zambia. Era quello il nostro unico desiderio, nel mezzo di una terribile tragedia. L'ultimo saluto a nostro padre.

Ma andare in Zambia non fu possibile. Non so perché non potemmo andare al suo funerale, ma questa cosa mi opprime ancora il cuore.

Ci fu un gran trambusto a casa, nei giorni successivi alla morte di papà. Senza spiegazioni e senza un perché mi trovai in Zambia, a casa di una zia paterna.

Ero confuso, arrabbiato e triste. Questi sentimenti prevalevano su tutto, cosicché dopo, con il passar del tempo, restò solo il loro ricordo e non quello dei fatti accaduti. Quando ripenso alla morte di mio padre sento il cuore che batte così forte che sembra voler uscire dal petto. E la memoria delle cose mi si annebbia.

Non ho più in mente come avvenne il viaggio verso lo Zambia. In treno, in autobus, non lo so. Mia madre e i miei fratelli rimasero in Tanzania. E per la prima volta mi sentii solo. Solo e furibondo, senza possibilità di sfogare la mia rabbia.

La zia da cui mi trasferii viveva a Kitwe, nel Copperbelt. Coi suoi figli non avevo rapporti. Non ci capivamo, mi guardavano sempre con occhi storti, come se mi odiassero. Per loro ero un estraneo. Ma anche loro per me erano estranei. Non ci sopportavamo.

Mia zia mi maltrattava e mi picchiava quasi tutte le sere. Si sfogava con me dei suoi problemi. Urlava e mi picchiava forte. Le parole che mi diceva non mi sono rimaste addosso, ma le botte sì. Tutte sulla pelle.

Mi sono stancato presto e sono fuggito in strada.

A Kitwe non c'erano molti ragazzi di strada, anzi. Ricordo solo tre ragazzi, con cui ho legato subito. Se si è in pochi si fa subito amicizia. È una questione di sopravvivenza. Non ha senso stare lontani e diventare nemici quando si è nella stessa situazione e ci si può aiutare. E in strada c'è sempre bisogno dell'aiuto di qualcuno. Ancora di più se hai solo dieci anni.

Ero piccolo e mi sono reso subito utile agli altri, perché col mio corpo minuto potevo intrufolarmi dappertutto. Ero diventato un ladro abilissimo.

Non mendicavo quasi mai, perché rubare era molto più semplice e immediato che chiedere soldi alla gente. Di notte gli altri mi sollevavano e io entravo attraverso le finestrelle socchiuse dei negozi, per fregare qualsiasi cosa. È lungo l'elenco di quello che si poteva rubare: estintori, televisori, radio, macchine fotografiche, oggetti piccoli e oggetti grandi. Ero piccolo, sì, ma avevo la forza per sollevare pesi più grandi di me.

Il giorno dopo il furto vendevamo le cose rubate. Le macchine fotografiche erano le più facili da smerciare.

Dopo i furti ci appostavamo sotto i porticati e dormivamo, stando attenti a nasconderci addosso le cose più piccole e a trovare nascondigli sicuri per quelle più grosse.

A volte si accendeva il fuoco, perché d'inverno il freddo fa venire le gambe gelate. Se mangi poco hai ancora più freddo. Qualcuno si sdraiava sui cartoni o entrava negli scatoloni. Sembra assurdo ma quattro pareti di cartone ti scaldano. Forse ti danno solo l'impressione di una casa, di una protezione.

Dopo un anno di strada a Kitwe ho deciso di cambiare aria. Lusaka era il posto migliore dove andare. Sono salito sul primo treno del mattino e mi sentivo forte. I miei amici non avevano avuto il coraggio di seguirmi. Ormai ero diventato il leader e dovevo fare da apripista.

A Lusaka, però, avevo paura di mettermi subito a rubare. Ero solo e dovevo stare attento. E poi non conoscevo le usanze della nuova città, bisognava essere prudenti. Così ho lavato macchine nei lavaggi. Era facile, bastava pulirle all'interno e all'esterno. Per riconoscerti i datori di lavoro ti danno una maglietta a righe, rosse e grigie, col colletto. Così vedono se stai lavorando davvero o no e decidono se darti la paga.

Mentre lavavo macchine, un giorno, arrivò un signore indiano. Si chiamava Abdullah. È stato molto gentile con me. Mi ha chiesto che facevo, dove dormivo e da dove venivo. Mi è stato subito simpatico e ho accettato la sua proposta di andare a stare da lui.

Questo incontro è sicuramente la cosa più bella che mi sia capitata in strada. Abdullah non aveva interessi di nessun tipo. Voleva solo aiutarmi, in cambio di niente. Non è per niente facile trovare persone così buone in giro. Soprattutto quando sei un ragazzo di strada, malandato, straccione e sporco.

Sono rimasto una settimana da lui, ma non ero più abituato a vivere con qualcuno, sottostando a regole e orari. Gli ero molto riconoscente, ma per non peggiorare la situazione me ne andai. In fondo preferivo la strada.

Mi dispiace molto di non averlo salutato e ringraziato. Non ho trovato il coraggio di dirgli: «Grazie, Abdullah, ma me ne devo andare». Spero non se la sia presa.

Anche a mia madre non ho mai detto nulla. Forse anche lei ce l'ha con me. So che una volta andò a trovare mia zia, che le disse che ero fuggito in strada. Allora mia madre, ormai trasferitasi a Kanyama, andò per le strade a domandare dove fossi. Chiedeva in giro ai ragazzi e agli adulti se avessero visto un ragazzo tanzaniano e descriveva il mio viso. Ho un viso dai tratti diversi da quelli degli zambiani, era facile riconoscermi. Chissà se qualcuno le disse dove mi trovavo...

Queste cose le ho sapute da una ragazza, Violet, che a Lusaka mi aiutava a cercar da mangiare. Violet era molto bella e gentile con me. Faceva la cameriera in un ristorante e ogni sera, dopo la chiusura, mi regalava gli avanzi. Cose buonissime.

Non mi domandai mai come facesse Violet a sapere chi fosse esattamente mia madre e perché cercasse proprio me. Ma sono tante le cose che non ti chiedi, in strada.

Solo molto tempo dopo, quando Violet ormai non lavorava più al ristorante, scoprii da un altro ragazzo che lei era un'amica di mia sorella. Forse per questo mi aiutava, o forse mi avrebbe aiutato lo stesso. Certe persone sono buone e basta, al di là di chi hanno di fronte.

In strada io e il mio gruppo sognavamo sempre di fare grandi viaggi. Avrei voluto far vedere la Tanzania ai miei amici zambiani. E anch'io avevo nostalgia del mio paese, così diverso da quello in cui ormai vivevo da anni. Ma non avevo la minima intenzione di rivedere mia madre e i miei fratelli. Non sapevo che spiegazioni dar loro. Li avrei solo feriti.

Così, una mattina d'estate, io e i miei cinque amici non partimmo per Dar Es Salaam ma per Dodoma. Eravamo carichi di curiosità e di gioia. La vita in strada ti spegne le emozioni, ma basta poco per ritrovarle.

Saliti in treno, con le facce appiccicate al finestrino, arrivò il controllore. Ovvio dire che non avevamo fatto i biglietti. Costavano troppo per le nostre tasche. Per fortuna io ricordavo ancora il *kiswahili* e riuscii a convincere il controllore che eravamo tutti fratelli e che stavamo andando a trovare nostro padre che abitava a Dodoma. Dissi che papà doveva darci i soldi per pagare le tasse della scuola, che frequentavamo a Lusaka. Per fortuna il controllore ci credette e non ci fece scendere.

A Dodoma ci siamo arrangiati con qualche lavoretto. Pulivamo le cucine dei ristoranti, lavavamo i piatti e portavamo via la spazzatura. Coi soldi guadagnati compravamo delle banane e dei dolci, da vendere agli incroci e alla macchine in sosta. Ricordo ancora con precisione quanto abbiamo tirato su: l'equivalente di 250.000 *kwacha*.

Dopo questo viaggio divertente, durato comunque poche settimane, siamo tornati a Lusaka, dove mi aspettavano altri quattro o cinque anni di vita in strada.

Ho iniziato a spacciare. Non è una cosa strana per chi vive in strada. Tutti i ragazzi si drogano, bevono, sono sempre ubriachi di birra e fatti di colla, *dagga* e sigarette. Era il nostro modo per non pensare, per non sentire i morsi della fame, per arrivare al giorno dopo.

Siccome ero diventato un capo, sapevo anche essere un bravo spacciatore. Tutti mi rispettavano e stimavano e, cosa molto importante, nessuno mi avrebbe mai tradito. Dalle cinque di mattina alle otto di sera, vendendo droghe di vario tipo, guadagnavo 100.000 *kwacha* al giorno. Era un'ottima somma.

Per mangiare, all'epoca, bastavano 10.000 *kwacha*. Si mangiava qualche frutto, qualsiasi cosa capitasse. Non si spendevano mai tanti soldi per tenersi lo stomaco pieno. I soldi si spendevano in droga. È un aiuto al freddo e serve a essere contenti. Se ti droghi non pensi e sei felice, ti addormenti tranquillo e il giorno dopo si ricomincia.

Siccome spacciando droga guadagnavo bene, un giorno decisi di andare a fare un giro in treno con gli amici di strada, che ormai erano la mia nuova famiglia. Comprai i biglietti per tutti, ma solo per l'andata. Al ritorno non avevamo più soldi e salimmo senza biglietto. Un poliziotto ci beccò e furono guai seri. Gli altri riuscirono a svincolarsi dalle sue bastonate. Io non ce la feci a scappare. Mi prese e mi picchiò col manganello. Così forte da farmi svenire nello scompartimento.

Non ho un buon rapporto coi poliziotti. Ricordo che un'altra volta, a Lusaka, mentre stavo seduto a un angolo della strada, vidi passare al mio fianco un poliziotto che rincorreva un ladro. Il ladro correva forte e il poliziotto gli stava dietro, urlandogli di fermarsi. Il ladro non si fermò, il poliziotto tirò fuori una pistola e uccise il ladro. Sentii il sibilo dello sparo, a pochi metri da me. Fu una cosa bruttissima. La più brutta di quelle che mi capitarono in strada. Vedere morire un uomo è orribile. Sentire uno sparo a pochi centimetri da te è terribile. Ti tremano le gambe. E vorresti scomparire, farti così piccolo da diventare invisibile.

Per il resto in strada non si sta male. Hai un sacco di libertà e ti senti indipendente. Io amo la libertà.

Quando un amico della strada mi parlò del Mthunzi Centre ero interessato e curioso, ma l'ultima cosa che volevo era abbandonare la mia libertà. La curiosità per quel posto però era forte e vinse su di me. Decisi di provare.

Salii in macchina con Odadi e rimasi un mese al Mthunzi Centre, cercando di capire dove stavo meglio. Dovevo comprendere se la libertà era ancora mia o no, capire se la differenza tra la strada e il Mthunzi Centre era così forte da farmi preferire la prima.

Da quando sono qui più che alla libertà ho pensato all'istruzione. In strada non vai a scuola, non leggi, non studi. Solo arrivando al Mthunzi Centre ho capito quanto mi sia mancata l'istruzione. Questa era la differenza principale che avevo percepito fin dall'inizio tra vita di strada e vita a casa: l'istruzione. Per questo mi trovo bene al Mthunzi, perché ti dà nuove possibilità che pensavi morte e sepolte.

Anch'io vorrei poter aprire un centro come il Mthunzi Centre, avere una casa grande come questa e ospitarci tutti gli amici, chi è in difficoltà e chi sta bene. Ho già in mente la lista degli amici che vorrei con me nella casa. Una grande casa per tutti. Ci starà anche la mia futura band. Scriverò tante canzoni e la musica non mancherà mai.

Nella mia casa ci saranno giustizia, lavoro e occupazione. E nessun diritto umano verrà mai calpestato.

Cucino per i miei sessanta «figli» e sono felice

Cucino per i miei sessanta «figli» e sono felice. A fine giornata sono stanca ma sto bene. Faccio la cuoca del Mthunzi da cinque anni, preparo la *nshima* per tutti e quando cala la sera torno da mio marito e dai miei figli, quelli veri, con tanta gioia e la voglia di abbracciarli.

Ho quarantadue anni, un marito e cinque figli. Viviamo tutti al Mthunzi, in una casetta appena fuori dal cancello del centro.

Le mie giornate, d'inverno e d'estate, sono scandite dai lavori domestici al centro. Mi piace lavorare per i bambini, preparare i loro pranzi, le colazioni, pulire le camere, lavare i piatti.

Anche mia madre era una casalinga e fin da piccola mi piaceva aiutarla. Sono nata in un villaggio dell'Est dello Zambia, vicino Katete: si chiama Yambani e non ha molti abitanti, tra cui i miei genitori, che sono tra i pochi anziani ancora vivi. Mamma lavorava in casa e allevava i suoi quattro figli, due femmine e due maschi, mentre papà faceva il falegname. Oggi lui non lavora più e vive in una piccola fattoria, dove coltiva l'orticello che permette a lui e mamma di sostenersi.

Sono stata una bambina fortunata perché ho potuto andare a scuola fino ai sedici anni. Poi però non ho avuto più voglia di studiare e mi hanno bocciata due volte.

Ho abbandonato la scuola e mi sono sposata con Charles, mio marito, che veniva da un villaggio vicino al mio, Toloka. Ci siamo incontrati per strada, mentre io camminavo con le mie amiche di ritorno da scuola. Mi è piaciuto subito perché ha un viso buono, sorridente, affidabile.

Quando ci siamo sposati io avevo diciassette anni e lui ventisette. Qualche mese dopo il matrimonio, mentre abitavamo a Lusaka, è nato il mio primo figlio, Emmanuel, che oggi va al *college* e ha ventiquattro anni.

Voglio che i miei figli studino e si impegnino perché l'istruzione è fondamentale nella vita di tutti i giorni. Io non parlo bene l'inglese e un po' mi dispiace.

Mio marito era infermiere nell'esercito. Amava il suo lavoro e sapeva essere gentile e disponibile con i suoi pazienti. Io rimanevo in casa per fare le faccende domestiche e stare coi miei figli che ormai, dopo Emmanuel, erano diventati quattro: Moozi, nato nel 1984, Violet, nata nel 1987, e Sibelia, nata nel 1990.

Dopo aver conosciuto qualche membro della comunità di padre Kizito, mio marito ricevette la proposta di lavorare con loro nella nuova sede di Koinonia, a Kasupe, proprio dove oggi sta il Mthunzi. Da poco si erano trasferiti lì e c'era voglia di ampliare la comunità ad altre persone.

La bravura di Charles era cosa nota e fu normale per me sapere che i membri della comunità avevano bisogno del suo aiuto medico. Non esisteva una clinica vera e propria, niente di simile a quella che c'è oggi, ma accettare nella comunità un uomo esperto di medicina era importante. Fu così che, nel 1995, mio marito entrò a far parte di Koinonia.

Ci vedevamo poco, lui tornava molto tardi la sera e mi mancava. Era faticoso per lui andare a Kasupe ogni mattina, a piedi, sotto il sole o la pioggia. I chilometri da percorrere erano tanti. E poi tornare a casa la sera, stanco, al buio. Anche i nostri bambini sentivano la mancanza del papà.

Parlammo a lungo della possibilità di trasferirci tutti più vicino a lui e al suo lavoro. Intorno al 1998 le case costruite per le famiglie dei membri della comunità, nei pressi della struttura principale, stavano aumentando, perché Kizito aveva capito quanto fosse importante per l'uomo avere vicino i propri affetti.

Nel 1998 io e i miei quattro figli arrivammo al Mthunzi

con le nostre valigie, pieni di speranze e di felicità nel poter stare di nuovo accanto a Charles. In braccio avevo Mwanbila, la mia ultima figlia, di pochi mesi.

Arrivata lì continuai a lavorare in casa e ad allevare i miei figli, ma ero affascinata dall'idea di una comunità. Mi sarebbe piaciuto molto condividere il lavoro e le esperienze con gli altri membri, ma ero l'unica donna e non sapevo cosa fare per rendermi utile. Così presi coraggio e chiesi a padre Kizito quale lavoro potessi fare.

Lui mi conosceva appena e domandò a Odadi in cosa mi sarei potuta rendere utile. «Lei sa cucinare bene!», rispose Odadi a Kizito.

Il 2 febbraio del 2000 iniziai il primo lavoro retribuito della mia vita. Ero sola e avevo il compito di cucinare per la comunità, di pulire le stanze, di lavare i bagni, insomma di fare da casalinga per l'intero centro.

Mi piaceva, mi rendeva parte della Koinonia. È giusto che ognuno, in una comunità, faccia qualcosa e questo qualcosa è diverso a seconda delle tue caratteristiche, di quello che sai fare. Io sapevo cucinare e pulire e, cucinando e pulendo, potevo aiutare la comunità a crescere.

Passato qualche mese al Mthunzi ci fu una grossa novità. Arrivarono quattro bambini di strada, invitati da Odadi a vivere nel centro. Era solo il primo gruppo di ragazzi che il Mthunzi avrebbe ospitato: poi ne arrivarono altri otto e poi, di colpo, un'altra cinquantina.

All'inizio li trattavo come figli, soprattutto i primi quattro. Loro avevano bisogno di una figura femminile, che fosse mamma ma anche amica. Venivano a casa mia, la porta per loro era sempre aperta. Ancora adesso con loro ho un rapporto bellissimo, molto profondo e sincero.

Con l'arrivo di altri cinquanta bambini, giunti grazie al programma di «pulizia delle strade» del governo, le cose si complicarono. Dovevano restare con noi solo per tre mesi, per poi essere inseriti in qualche altro centro. Così non fu. Nessuno di noi avrebbe avuto il coraggio di abbandonarli a se stessi.

Cucinare per quattro bambini in più era facile, non cambiava nulla. Ma preparare colazione, pranzo e cena per sessanta ragazzi in più era un'impresa. Non c'era *nshima* per tutti, non c'era cibo a sufficienza. Gli orti erano impoveriti, l'acqua spesso mancava.

Non sapevo gestire le razioni di cibo, non riuscivo a fare le porzioni. Alcune mogli dei membri della comunità mi aiutavano, ma il lavoro grosso spettava a me e se loro avevano altri impegni mi trovavo da sola. Con la paura di non riuscire a dar da mangiare a tutti.

Mia madre, tempo prima, mi aveva parlato dei bambini di strada, ma io pensavo che esagerasse. Mi sembrava assurdo che dei genitori potessero abbandonare i loro piccoli, sangue del loro sangue. Ma la miseria impone delle regole che non si possono spiegare.

Quando ho visto arrivare quella massa di bambini che venivano dalla strada, ho capito che mia madre diceva la verità. Erano bambini difficili, violenti, con uno sguardo strano che mi faceva paura. Li avevo visti in città, buttati per terra a chiedere l'elemosina e a sniffare colla dalle bombolette di plastica.

Arrivati qui litigavano sempre tra di loro, si picchiavano, si rubavano il cibo che con cura dividevo in porzioni uguali. Non mi fidavo di loro. Non avevano un padre o una madre che dicesse loro come comportarsi, come essere bravi; pensavo che per fame o per cattiveria avrebbero potuto anche uccidere. La strada, mi raccontavano, ti fa diventare cattivo ed egoista.

Ricordo che una volta Richard, uno dei primi ospiti del Mthunzi, litigò con un altro bambino di strada, e Odadi lo rimproverò perché non voleva che i ragazzi si picchiassero. Richard la prese male e si mise a piangere. Non la finiva più, girava attorno al Mthunzi e piangeva, piangeva, piangeva. Mi avvicinai a lui e mi disse che voleva andarsene via per sempre. Gli chiesi dove voleva andare e lui mi rispose che voleva tornare in strada, nonostante lì non avesse nessuno. Lo convinsi a restare, ripetendogli che gli altri ragazzi non erano cattivi, che prima o poi tutto sarebbe andato per il meglio, che qui poteva andare a scuola. È un bravo ragazzo, ma in quel momento si sentiva solo e incompreso. Quando finalmente mi promise che sarebbe restato lo baciai e lui mi ringraziò, dicendo che quella notte avrebbe pregato per me.

Ora le cose vanno molto meglio. I ragazzi mi vogliono bene e io voglio bene a loro, come ai miei figli. Sono bravi, puliscono la sala da pranzo e le loro camere da letto, per alleggerirmi un po' dalla fatica. Peter, che è uno di quelli più grandi, la sera mi aiuta sempre a girare la *nshima* nel pentolone, che ogni anno aumenta perché la comunità sta crescendo. E con il numero delle persone cresce anche la fatica a cucinare.

Da qualche anno ho anche due aiutanti, Charity e Malume, che mi danno una mano per il pranzo. Il bello della comunità è anche questo, che non ti senti mai solo, che c'è sempre qualcuno che, se stai male o se hai bisogno di qualcosa, arriva e ti dà una mano. Ci si sente una grande famiglia.

Adesso abbiamo una cucina più bella e più grande, così possiamo tenere i piatti e i bicchieri al coperto e se piove possiamo cucinare sotto un tetto.

Le mie giornate sono tutte uguali, tranne quando i bambini sono in vacanza da scuola e gli orari della sveglia cambiano un po'. Mi alzo alle cinque e preparo la colazione e il tè per i piccoli che vanno a scuola alle sei e per quelli che ci vanno alle otto. Li osservo partire, con la loro divisa bordeaux, e inizio a pulire gli uffici, la clinica e le stanze.

Quando arrivano le dieci c'è da pensare a preparare la *nshima* per i bambini che tornano da scuola alle dodici o alle tredici, poi inizia il primo turno del pranzo dei membri della comunità, con cui mangio anch'io, dalle tredici alle quattordici. Ma il mio non è un vero pranzo perché nel frattempo devo lavare i piatti, sparecchiare e fare, fare, fare.

Appena ho rassettato la cucina inizio a preparare la cena, a cuocere la *nshima* e le verdure. I bambini cenano tutti alle sette di sera. A volte finisco di pulire alle nove, a volte alle dieci. Apro la porta di casa e vorrei subito addormentarmi, perché la stanchezza mi assale.

A casa mi aiutano le mie figlie. Sono davvero brave, anche se devono studiare e andare a scuola trovo sempre la casa a posto. Fanno da mangiare anche per loro padre, che da quattro anni non lavora più al Mthunzi. A casa non devo fare quasi nulla, ci pensano loro, tranne lavare i panni miei e di mio marito.

Stiamo vivendo un periodo economico difficile. Il cibo costa sempre di più e ormai sono io l'unica lavoratrice della casa. Ogni mese percepisco 400.000 *kwacha* ma Charles è disoccupato e riceve solo una piccola pensione di 50.000 *kwacha*. Non penso mai al mio futuro o a quello di mio marito. Ormai noi abbiamo vissuto.

Il futuro per me è quello dei miei figli, è la loro istruzione. Spero di poterli sempre mantenere negli studi, di permettere anche alle due figlie più piccole di andare al *college* come i due più grandi. Violet, che è quella di mezzo e ha diciotto anni, ora frequenta la *boarding school*. Forse da grandi guadagneranno e aiuteranno me e mio marito, si costruiranno una vita tutta loro, ma senza dimenticarsi di noi.

Il legame con la famiglia è uno dei valori importanti da trasmettere ai propri figli. Ricordo che quando padre Kizito mi chiese perché volevo lavorare, gli risposi che prima di tutto desideravo guadagnare in modo che i miei figli andassero a scuola e ricevessero una buona istruzione.

Quando arriva un nuovo bambino di strada lo ricevo e mi presento. Poi lo osservo, controllo che gli altri non gli facciano scherzi, che non stia in disparte, che non pianga. Cerco di capire, insomma, come sta, come si trova. Se non lo vedo felice cerco di spronarlo a stare con gli altri, lo incoraggio a parlare con me, gli chiedo cosa c'è che non va, gli dico dove andare a giocare. Mi fanno sempre molta tenerezza i nuovi arrivati, soprattutto quando hanno pochi anni e non parlano con nessuno. Qualcuno, dopo che abbiamo fatto amicizia, mi chiama «mamma». Per me sono come dei figli.

I ragazzi più grandi vengono ancora a casa mia, magari per fare due chiacchiere coi miei figli che sono diventati loro amici, si confidano, sanno capirmi. Alcuni mi raccontano la loro storia, quella della loro famiglia, del padre che tornava a casa ubriaco tutte le sere e li picchiava, o della madre che li ha abbandonati. Oppure mi parlano della loro vita in strada. Quando ne parlano tengono lo sguardo basso. Non so se si vergognino di quello che hanno fatto o se quel ricordo faccia ancora troppo male.

La sera al tramonto, mentre giro la *nshima*, penso a loro. Li vedo che prendono i piatti e hanno fame, mi girano attorno, parlano della scuola, qualcuno gioca, qualcuno litiga.

Credo che alcuni di loro potranno avere un buon futuro perché sono davvero bravi a scuola. Devono finire di studiare e impegnarsi a lungo, ma i risultati si vedono già.

Se penso a quanto erano magri quando sono arrivati qui, a quanto erano scontrosi, diffidenti, a quanto usavano la violenza per avere le cose, a quanto sembravano inavvicinabili, se penso alla malinconia e alla cattiveria che avevano dentro, al loro sguardo perso nel vuoto, che è lo stesso sguardo che vedo oggi negli occhi di tutti i nuovi ospiti... Se penso a tutto questo quasi non credo che siano le stesse persone. Sono diventati diversi, migliori.

Saranno dei bravi uomini, ne sono certa. E, da mamma adottiva, sono proprio fiera di loro.

«Si fa a metà?»

«Si fa a metà?». I miei amici, i miei parenti, tutti quelli che mi hanno conosciuto mi ricordano per questa frase.

Quando siamo a cena o al bar se non faccio a metà con qualcuno di quello che prendo non sono contenta. Mi viene proprio il broncio, una specie di malessere diffuso che non so spiegare.

Ai miei nipotini dà molto fastidio perché vorrebbero mangiarsi i gelati interi, i miei amici più grandi invece ci ridono su. Sono addirittura arrivata a fare a metà di un caffè del bar. Ma quella volta, il mio amico esclamò: «Eh no, cara, questo è troppo!».

Dentro me vive uno spirito di condivisione innato, ce l'ho fin da piccolina. Ho sempre amato i gruppi, il confronto, la vita in comunità. Ho sempre amato fare a metà di tutto.

Sono nata quarant'anni fa a Massa Marittima, vicino Grosseto, la più piccola di tre sorelle. Dopo sette anni di vita in un paesino di quattrocento anime, Sasso Pisano, nella provincia di Pisa, ci siamo trasferiti a Larderello, a pochi chilometri.

Mio padre lavorava all'Enel e, piuttosto che fare il pendolare, preferì traslocare con tutta la famiglia a Larderello, dove c'è una grande centrale elettrica e dove lo aspettava un lavoro migliore.

A me Larderello, con i suoi mille abitanti, sembrava lontanissimo. Sette chilometri per una bambina di sette anni sono una distanza enorme. Ma oggi, a differenza dei miei, posso dire di sentirmi «larderellina».

Si stava bene. In un paese piccolo si può crescere con i propri tempi, si possono mettere radici stabili. Nonostante io vaghi per l'Italia e per il mondo le mie radici sono lì, ben piantate, incrollabili.

Ho avuto un'infanzia decisamente felice. A otto anni andavo in bicicletta da sola per il paese, l'unica via principale non era per nulla trafficata, si correva per strada, si giocava a nascondino per tutto il paese e se qualche pomeriggio un amico mi veniva a prendere a casa era solo perché avevo una paura matta dei pipistrelli e volevo essere protetta.

Per i miei genitori, Larderello era un'opportunità di crescita per noi figlie, era il centro più grande della zona, aveva una palestra, una piscina, le scuole medie. Grazie al principe che nell'Ottocento costruì e arricchì Larderello, noi a quei tempi potevamo dire di vivere in un'oasi.

In paese c'erano tanti ragazzi della mia età, facemmo subito amicizia, un bel gruppo di venti o trenta persone. Con loro ancora oggi c'è un legame fraterno molto forte, nato dai giochi per strada e cresciuto con l'età. Alcuni di loro sono i punti fissi della mia vita, perché so che anche se non ci si vede per anni loro restano lì, fermi come rocce, pronti ad ascoltarmi e volermi bene, nonostante tutto.

All'inizio del trasferimento, ogni venerdì sera io e la mia famiglia tornavamo a Sasso Pisano a trovare i nonni. Mi sembravano viaggi interminabili. Poi i ritorni si diradarono e mi legai sempre più agli amici di Larderello. Cominciai un corso di danza classica che mi piaceva da impazzire, ma quando diventai grande l'insegnante volle che andassi a Pisa per continuare. La mia passione non era così forte da allontanarmi da casa e così scelsi di fermarmi lì e interrompere la mia carriera di ballerina.

Dopo le scuole medie in paese, frequentai le superiori a Volterra, come tutti i ragazzi di Larderello. Non mi trasferii, perché per vivere a Volterra ci volevano molti soldi, ma feci la pendolare in pullman.

Ogni giorno trenta chilometri d'andata e trenta di ritorno, il che voleva dire un'ora di autobus al giorno con gli amici del cuore. Era come fare una gita ogni mattina. C'era il ragazzo carino che ti teneva il posto, nascevano le prime storielle d'amore, le chiacchiere da ragazzi, le confidenze.

Scelsi di frequentare le magistrali, perché mi affascinava il mestiere di maestra. Babbo e mamma erano molto contenti, perché avrei trovato subito un lavoro bello e sicuro.

Non tutti, dopo le superiori, si potevano permettere l'università. Le facoltà più vicine erano a Firenze, Pisa e Siena.

A casa, mamma lavoricchiava saltuariamente, faceva la baby-sitter oppure le pulizie a casa d'altri, ma non navigavamo di certo nell'oro. Si stava sempre attenti alle spese. Se ci si comprava un disco si faceva a metà, nel senso che metà dei soldi li mettevo io e metà mia sorella, oppure lo si ascoltava per una settimana io e per una settimana mia sorella. Apprezzo molto l'insegnamento ricevuto a casa di non sprecare nulla. Oggi invece si può avere quel che si vuole, in ogni momento, senza alimentare la fiamma del desiderio e la gioia nel ricevere, finalmente, qualcosa che si desidera da tanto tempo.

In paese avevano appena chiuso il circolo scout, frequentato dalle mie sorelle. Io volevo tanto entrarci, ma ormai era tardi.

Per fortuna il prete di Larderello fondò il gruppo Meg, ossia il Movimento eucaristico giovanile, un movimento nazionale diffuso, a livello locale, in tutt'Italia.

All'inizio, per me il Meg era una specie di brutta copia del movimento scout. Mancava di concretezza: più che sulla sopravvivenza nel bosco e sull'insegnamento di cose pratiche per arrangiarsi, si basava sulla spiritualità, sulla crescita interiore. Io che, fino ad allora, non avevo mai frequentato la parrocchia, non ero abituata ai discorsi spirituali.

Vengo da una famiglia profondamente comunista, nelle idee e nei principi: per mio padre andare in chiesa era quasi un'offesa, ma mi lasciò sempre la più totale libertà di scelta. Nemmeno le mie sorelle frequentavano gli ambienti parrocchiali, visto che gli scout dell'Agesci, dalle mie parti, erano poco legati alla religione e alla Chiesa.

Per me il Meg era un punto di ritrovo, un modo per aprirmi al mondo, all'estero. Con i ragazzi del Meg iniziai a girare, evitando il rischio di non spostarmi più da un paese così piccolo.

Non c'era internet, quando ero giovane, non c'era la possibilità di aperture mentali né di confronto. È bello crescere in un paesino, ma poi devi andare, vedere, capire altri mondi e altri modi di pensare.

Nei campi del Meg e nelle gite organizzate a Roma, per esempio, ci divertivamo a fare l'imitazione di «quelli della capitale», o a osservare come vivevano e si vestivano i romani.

Io mi sentivo sempre «quella di paese» e me ne vergognavo un po', ma non ero sola. Tutti i miei compagni erano nella mia situazione.

Nella mia banda mi chiamavano come il mio babbo ma al femminile, perché gli assomigliavo tanto ed ero secca secca come lui. C'erano due leader maschi e due femmine, una delle quali ero io.

I ragazzi del paese dicevano che il nostro gruppo era troppo serio, troppo bravo. Anche le mie sorelle, molto più alternative di me, ci prendevano in giro. All'epoca girava molta eroina tra i ragazzi della mia età, ma noi non fumavamo neanche sigarette. Eravamo un gruppo di ventenni «perbene», non andavamo mai in discoteca, passavamo le serate a suonare la chitarra e a cantare. Ci bastava così. Diciamo che ci siamo «svegliati» un po' tardi!

Tutti ci chiamavano «i bimbi del prete», in contrapposizione all'altra banda, quella trasgressiva del paese. Nel Meg ci sono vari livelli, proprio come negli scout, e i più grandi venivano chiamati i «ragazzi nuovi», così quando ci si prendeva in giro, con disprezzo, i coetanei più all'avanguardia dicevano: «I ragazzi nuovi però sono vecchi!».

Alle ragazze del mio gruppo piacevano i ragazzi dell'altro, quelli più alternativi e sbandati, io invece li trovavo superficiali.

Sono l'unica del gruppo storico di Larderello a non essersi sposata, mentre tra molti sono nate storie d'amore sfociate in matrimoni.

Girando l'Italia e l'Europa col Meg, quando avevo più o meno diciannove anni, conobbi un padre gesuita che ora vive a Roma, che affascinò molto noi ventenni d'allora. Era un uomo non solo bellissimo, ma dal carisma travolgente. Ci insegnava i giochi di comunità, le ore di silenzio e di meditazione, ci raccontava delle sue missioni in Africa e, per primo, ci fece apprezzare la solitudine. La sensazione di solitudine è molto strana per un adolescente, di solito non viene accettata, ma lui riuscì a farcela assaporare.

Tra tutto quello che il padre ci insegnò ricordo ancora quando ci disse: «Dovete scrivere ciò che avete intenzione di progettare, per poi vedere cosa riuscirete a realizzare».

Non avevo mai amato scrivere diari, la mia camera era piena di tante prime pagine abbandonate lì. Ma quando il prete ci disse quella frase, in un foglio, quasi per gioco, scrissi: «Voglio andare in Africa».

La mia migliore amica scrisse la stessa cosa, senza che ci fossimo messe d'accordo. Ma lei non ci andò mai. E per assurdo, proprio lei che non avrebbe mai voluto sposarsi, fu la prima a trovar marito.

L'Africa a quei tempi era molto lontana, si idealizzavano certe figure di missionari e di suore che sceglievano di andarci e restarci per tutta la vita. Erano considerati eroi, persone al di fuori dai ranghi, che facevano scelte estreme.

E mentre io, al Meg, ascoltavo i resoconti africani delle varie persone legate al mondo della Chiesa, contemporaneamente a casa mia si parlava di politica, della sinistra, delle rivolte, delle notizie del giornale. Ma mai si parlava di Chiesa.

Nelle litigate a tavola, nate dallo scontro tra i miei discorsi «di Chiesa» e la netta reazione degli altri familiari, io non sapevo come controbattere, e così, per darmi un tono e far vedere che sapevo qualcosa, ripetevo quello che avevo ascoltato dagli amici del gruppo. Ma non ero molto credibile e mi prendevano in giro lo stesso.

Terminate le magistrali volli prendermi un anno di pausa dallo studio. Non avevo intenzione di andare all'università, che per i miei era una bella spesa, così non insistettero nemmeno loro.

In quel periodo avevo un fidanzato che abitava nel paese. Stare a Larderello mi andava più che bene e poi volevo mettere da parte dei soldi per viaggiare e realizzare tutti i miei sogni. Lavorai come baby-sitter, poi mi accorsi che volevo fare qualcosa, qualcosa di più importante intendo.

Così mi sono iscritta a una scuola per insegnare ai bambini portatori di handicap, a Tirrenia, vicino Pisa, dove ci ritrovammo in molti tra i vecchi amici. Si ricreò un gruppo di larderellini, immersi in una vita universitaria tutta diversa da quella del paese, una vita divertente e piena di stimoli. Simone, il mio migliore amico, si era già trasferito a Pisa coi genitori.

La scuola durava tre anni e si faceva molto tirocinio. Andai negli ospedali, nei centri specializzati, negli istituti dove stavano alloggiati i bambini portatori di handicap più o meno gravi. Alcune situazioni mi fecero molta impressione, ma dentro di me continuavo a pensare che, se proprio non ce l'avessi fatta, me ne sarei sempre potuta andare via dalla scuola. Invece, dopo il duro impatto iniziale, mi sono appassionata. Avevo fatto una scelta fortunata, adatta a me.

Lavorai a Pisa per qualche anno, ma ogni fine settimana tornavo dai miei al paese. Col tempo ridussi i rientri e riuscii finalmente a mantenermi da sola.

Stando a Pisa, una volta a settimana frequentavo un centro missionario. Si assisteva alla messa o si facevano incontri su argomenti vari. Simone, il mio amico, era sempre con me.

Io e lui abbiamo un rapporto speciale, un misto tra l'amicizia e l'amore. È una delle persone più importanti della mia vita.

Simone da tanti anni desiderava fare un'esperienza in Africa. Sua madre era una professoressa e si informò tra i colleghi sull'esistenza di un'associazione con cui il figlio sarebbe potuto partire.

La voce girò di bocca in bocca e fu così che Simone si avvicinò ad Africa Oggi. Nell'86 riuscì a partire per un campo di lavoro nello Zambia.

Ricordo benissimo il momento in cui, appena tornato da questa esperienza, mi raccontò del suo viaggio e io rimasi così incantata da voler partire a tutti i costi. Era settembre e lavoravo come cameriera ed educatrice in una colonia estiva per portatori di handicap. Simone venne a trovarmi. Ci sedemmo su una panchina all'ombra di un albero e lui iniziò a parlarmi dell'Africa. Io ero sdraiata sulla panchina e mentre lui raccontava sognavo a occhi aperti sulle sue parole e su quelle delle canzoni africane, intonate in *nyanja*, una lingua dal suono meraviglioso.

Nell'88 partii.

Prima del viaggio in Africa partecipai agli incontri di Africa Oggi a Milano, dove si faceva la formazione del gruppo per prepararsi alla partenza. A Milano conobbi Kizito, un padre comboniano che mi piacque subito, e Gian Marco, che qualche anno dopo diventò il fondatore di Amani.

Lo spirito di condivisione, che era fondamentale per un gruppo, faceva già parte di me. Per me era normale dividere tutto, dalle cose alle emozioni.

Quando spiegai ai miei genitori che avevo intenzione di partire per l'Africa quella stessa estate, storsero il naso. Mi dissero: «Vai pure a Milano a questi incontri, ma poi basta. Ti fermi lì».

Il babbo non ne voleva neanche sentir parlare, per lui l'Africa era un mondo lontanissimo e pericoloso. A dire il vero, nella nostra zona gli africani non si erano visti neanche sulla spiaggia, erano un popolo misterioso, che spaventava. E poi in Africa c'erano le malattie, la fame, la miseria. Per i miei genitori, come per qualsiasi altro abitante del paese, il nome «Africa» evocava solo questo mare di elementi negativi.

Le mie sorelle, ormai entrambe mogli e madri, pur senza opporsi alla mia scelta mi prendevano in giro. Mi chiamavano in continuazione con il soprannome che mi avevano dato da piccola, «bambina del Biafra», perché da bambina ero secca con la pancia gonfia. Era quella l'immagine che ognuno di noi aveva in testa pensando all'Africa. L'unica immagine. I bambini magri magri con la pancia gonfia.

Io invece ero più informata sul continente africano.

Già alle scuole medie, per l'esame finale, preparai una relazione sulla Rhodesia, l'attuale Zimbabwe. Quando in televisione c'era un qualunque passaggio sull'Africa ascoltavo attentamente, affascinata. Dalla lista di potenziali corrispondenti epistolari che l'insegnante di francese delle scuole medie ci fornì, scelsi proprio un ragazzo africano, che viveva nel Burundi, con cui mi scrissi per qualche mese. Forse per queste piccole coincidenze, ancor prima di avvicinarmici, mi sentivo già legata all'Africa, più che all'America latina, che pure mi attira molto.

I viaggi in macchina per Milano, insieme a Simone, prima della grande partenza, furono bellissimi. Pagava sempre tutto lui, la benzina e l'autostrada, perché io all'epoca avevo messo tutti i soldi da parte per l'Africa e non me ne restavano tanti.

C'era molto feeling, io e Simone ci capivamo su tutto. A volte non serviva parlare per dirsi l'emozione o la paura che ci prendeva in un certo momento. Sono situazioni speciali che non capitano con tutti.

Io sapevo già che, nonostante le reticenze dei miei, in Africa ci sarei andata, a tutti i costi, anche se temevo che qualche imprevisto potesse bruciare il mio sogno. Desideravo tanto costruire qualcosa, avevo un mare di aspettative. Il gruppo era bello, unito, eravamo tanti, cento o duecento persone. Ogni tanto agli incontri arrivava un nuovo missionario, che parlava della sua esperienza. Fu così che ebbi la fortuna di conoscere padre Kizito.

Per sostenere le attività missionarie in Africa, in Italia vendevamo dei biglietti della lotteria. Io ero la più brava. Ne vendevo tantissimi.

Ma più il viaggio s'avvicinava più avevo il timore che tutto saltasse in aria. In Zambia, nella comunità fondata da Kizito e da qualche ragazzo africano, quella che oggi è il Mthunzi Centre, c'erano stati grossi problemi. Molte morti tra i ragazzi africani, molte malattie, gli incidenti stradali, qualche furto per invidia e qualche balordo che uccideva gli animali. La tensione era alta nella Koinonia.

Alla fine però partimmo, in venticinque, per restare lì tutto il mese d'agosto.

Prima di prendere l'aereo tutti mi dicevano di stare attenta alle malattie, di riempirmi di medicine, alcuni addirittura di non andare e di disdire il volo all'ultimo momento.

I miei erano ormai rassegnati, mi accompagnarono alla stazione di Cecina, da cui presi un treno per Roma, e piansero. Anche mio padre.

Avevo addosso un capitale, non solo tanti soldi da portare alla comunità, ma anche vestiti, valigie, scarpe, materiale sanitario per gli amici africani. Facevo un po' ridere, carica come un asino.

Le cose che impari dall'Africa le hai già dentro, questo è quello che penso. Nessuno ti insegna cose nuove. Impari semplicemente cose che un tempo c'erano anche tra noi e che oggi sono scomparse, sotto un polverone di velocità, modernità, fretta, indifferenza.

I nostri nonni avevano tradizioni simili a quelle degli africani di oggi, instauravano rapporti più sinceri. C'era meno e si viveva di più, i valori erano fondamentali. Io che sono nata in un paese lo so e lo sento dentro, naturalmente.

La lentezza africana è positiva, ti fa sentire a casa tua. Lì il contatto umano è immediato, e quando torni in Italia cerchi sempre una relazione più forte, più profonda, più vera.

In Africa si dà la precedenza alle persone più che al tempo: se hai un appuntamento con qualcuno aspetti anche tre ore, fino a che non arrivano tutte le persone con cui eri d'accordo. E se nel frattempo arriva qualcun altro che ha bisogno di te, senza pensarci dai la precedenza a lui. Gli altri possono aspettare, se non hanno un bisogno urgente di te.

In una comunità impari ad ascoltare tutti, ognuno deve dire la sua, nel rispetto e nello scambio più totali. Faccio la maestra da anni e cerco di trasmettere queste cose ai miei piccoli. Sono valori che non devono morire.

Continuo a impegnarmi per l'Africa, insegnando anche l'italiano agli stranieri del centro di prima accoglienza e aiutando mio padre a zappare la terra. Sì, perché ogni volta che torno dall'Africa vado a trovare babbo e condivido con lui la sua passione agricola. Se zappo in Africa perché non devo farlo con mio padre?

Scherzando, i miei amici dicono che i pony-express li ho inventati io, perché le cose da dire e da consegnare le passo sempre di mano in mano. Se un mio amico va a Roma e io devo portare un libro a un altro amico romano mica prendo una busta e spedisco! No, io dico all'amico che parte di andare in via tal dei tali e di portare il libro al ragazzo di Roma. Così si conoscono e scambiano due chiacchiere.

La stessa cosa vale per le cose da riferire. Non amo il telefono e il cellulare. Se posso dire a tizio di dire qualcosa a caio, lo faccio. Anche i messaggi possono venire riferiti di bocca in bocca invece che via internet o via fax. È sempre una questione di contatto, di conoscenza, di voglia di incontrarsi. Mi sembra molto più umano.

Se tutto funziona alla perfezione, se veniamo sopraffatti dalla tecnologia e dalla fretta, rischiamo di non parlarci più, di non avere più scambi personali, di inaridirci. Io non voglio inaridirmi. Né voglio sottostare a un mondo comandato dalla velocità. E chi l'ha detto che deve andare così veloce?

«*Pole pole*», dicono a ragione gli africani. «Piano piano».

All'inizio passavo da rompiscatole, ma gli amici mi vogliono bene per quello che sono.

Lenta come un'africana.

La mia peggior punizione fu quella di vivere in strada

La mia peggior punizione fu quella di vivere in strada. Ci sono mille difficoltà da affrontare e da superare, in strada.

Spesso ho pensato che qualcuno mi odiasse a tal punto da volermi punire di qualcosa che avevo fatto. Nessuno si merita la vita di strada. Nessun ragazzo può essere così cattivo da dover sopravvivere da solo per strada.

Penso che qualcuno volesse punirmi e farmi soffrire. Non riuscirei a spiegarmi la mia vita, altrimenti.

Sono nato il 7 ottobre 1988 a Chipata, una città dell'Est dello Zambia, ma i miei genitori sono originari di Kasama. Ho vissuto a lungo con loro, in una casa vera e piena d'affetto.

Papà era un soldato dell'esercito zambiano. Amministrava il magazzino delle armi e, in fondo, era un soldato della pace. Diceva sempre che pace e libertà sono fondamentali per la gente. Girava spesso per il mondo: Mozambico, Sierra Leone, conosceva tutta l'Africa. Quando tornava dai suoi lunghissimi viaggi gli chiedevo di raccontarmi tutto, di dirmi com'era il paesaggio che aveva visto, com'era il sole, com'erano le case. Ero curiosissimo di ascoltare i suoi racconti, sempre pieni di notizie nuove per me. Il mondo deve essere così vario e meraviglioso...

Mamma invece era un'assistente sociale per l'associazione World Vision International. Stavamo bene. Avevo degli ottimi genitori. Ma quando compii undici anni accadde un disastro. All'improvviso mamma se ne andò di casa, dicendo che aveva avuto un trasferimento di lavoro: doveva tornare a Kasama, la sua città natale. Non diede molte spiegazioni a me e papà, né ci salutò come farebbe una mamma che si allontana, definitivamente, dalla vita di suo figlio e suo marito.

Solo molto più tardi scoprii che papà e mamma avevano divorziato.

Io sono un tipo che ama fare molte domande e mio padre, dopo mille risposte vaghe, mi disse la verità. Disse che lui e mamma si erano separati. Rimasi a bocca aperta. Ero confuso e non capivo nulla. Come? Ma se si amavano tanto?

A certe cose papà non sapeva rispondere. Ho capito che, forse, per alcune domande non esiste risposta.

Nel giro di poco tempo mi ritrovai a vivere in casa con la mia matrigna, la nuova compagna di mio padre, e un ragazzo che credo fosse suo figlio, Pasha.

Da subito, per me, Pasha fu come un fratello, il fratello che mi sarebbe sempre piaciuto avere. Aveva quindici anni e con me era molto buono e gentile. Diversamente dalla mia matrigna, che mi maltrattava, mi picchiava, mi ricattava. Era un mostro. Urlava sempre e mi faceva paura. «Se non fai tutti i lavori di casa non mangi!», mi minacciava.

Ma anche se facevo tutti i lavori più umili della casa non mi dava da mangiare. Pensava solo a sé. Era come se io non esistessi.

Quella donna si mise a maltrattare anche suo figlio. Pasha era debole, magro e non reagiva. Io mi facevo forza e lavavo, cucinavo, spazzavo, sperando di mangiare qualcosa almeno la sera. Siccome questo non capitava quasi mai, iniziai a stare fuori di casa il più possibile, beccandomi il doppio di botte la sera, al rientro a casa.

Mi sentivo male. Ero a casa mia, con un'estranea che mi picchiava e mio padre che mancava sempre. Era una situazione profondamente ingiusta.

Una sera mio padre tornò a casa e lo fermai, sulla porta. Per la prima volta, non volevo sapere nulla del suo viaggio. Volevo solo spiegazioni. Gli dissi che la situazione non poteva continuare così. Avevo fame ed ero stanco di venire picchiato senza motivo.

Lui mi disse: «Tranquillo, figliolo, tutto si sistemerà. Vedrai che le cose cambieranno».

Mi disse delle bugie. Non cambiò un bel niente.

Anche Pasha era estenuato e fece richiesta all'esercito per avere un appoggio. Ricevette quasi subito un aiuto dalle forze militari e se ne andò via da casa. Rimasi da solo con una matrigna cattiva e sempre più violenta, e un papà sempre in viaggio.

Appena Pasha se ne andò lo imitai e mi diressi dall'esercito per avere un aiuto simile al suo. Non mi aiutarono, perché non potevano dare sostegno a due persone che facevano parte della stessa famiglia. Questa era la regola. Non potevo nemmeno chiedere un consiglio a mio padre. Non c'era mai e poi mi aveva mentito. Era difficile volergli lo stesso bene di prima.

Me ne andai in strada senza dirgli niente. Me ne andai di nascosto, un pomeriggio che la matrigna era fuori casa.

Trascorsi due mesi lungo le strade di Chipata.

Non c'erano molti ragazzi di strada in giro, me ne ricordo davvero pochi. E poi in strada era tutto così diverso e brutto che quasi quasi rimpiangevo casa mia. Mi accorsi presto che le botte mi aspettavano in strada come a casa.

Il primo impatto fu terribile. Mi picchiarono subito. Non venni accettato dagli altri ragazzi di strada.

Le bande volevano sottomettere in qualsiasi modo i nuovi arrivati, per farseli alleati o nemici. I capi delle bande volevano crearsi degli schiavi da comandare, per farsi fare i piaceri e i lavoretti. Occorreva rispetto e loro cercavano di guadagnarselo così, picchiando i nuovi ragazzi. Capii subito che quella vita non faceva per me, ma sono testardo di natura. E non volevo mollare la mia decisione.

Così, quel primo giorno, avevo tutta la faccia insanguinata. Andai al ruscello, mi lavai il viso dal sangue e ricominciai. Mi rimisi in strada e cercai di far finta di niente. I boss della strada non avevano guadagnato il mio rispetto, ma io non mi sarei mai ritirato con la coda tra le gambe.

Cercai di fare dei lavoretti, quelli tipici dei ragazzi di strada. Andavo dalla gente coi sacchetti in mano e chiedevo se avevano bisogno di aiuto, per buttare la spazzatura o per portare la spesa verso la macchina. Guadagnavo pochi soldi, ma mi bastavano per mangiare qualcosa e per coprirmi.

Trovare cibo era davvero difficile. A volte, se non avevo un soldo, rubavo nei negozi di alimentari. L'importante era farlo di giorno, perché se lo fai di notte e ti becca la polizia ti prende e ti porta via, in caserma. Poi non so cosa può succederti. La polizia non mi stava affatto simpatica. In generale non è buona con i ragazzi di strada, a eccezione di un poliziotto di nome Oscar che con me fu molto buono, quasi un amico.

Quei due mesi per me furono eterni. Era la stagione delle piogge e la sopravvivenza era molto dura. Dovevo dormire nei corridoi, per ripararmi dalla pioggia e dal freddo. Quando hai tutti i vestiti bagnati ti senti gelare le ossa e tremi. Non riesci proprio a scaldarti.

Spesso ho provato a chiedere l'elemosina ma la gente mi mandava via schifata. Un ragazzo di strada, per i passanti, è brutto da vedere.

Quando avevo fame e non avevo neanche una monetina rovistavo nella spazzatura, lavavo quello che trovavo e lo mangiavo.

A volte, quando aiutavo i signori a gettare i sacchetti dell'immondizia, li aprivo e cercavo qualcosa di buono. Cioè, qualcosa che riempisse la pancia.

Nei momenti liberi, in cui non dovevo cercarmi da mangiare, andavo in giro per associazioni di volontariato. Entravo nelle sedi e chiedevo se c'era bisogno di una persona per fare un lavoro sociale. Ridevano. Ero piccolo, forse, per lavorare. Ma lo capisco solo adesso.

La gente che passava per strada ormai mi conosceva e sapeva che ero un bravo ragazzo. Mi dicevano sempre: «Domani ti aiuto, domani ti aiuto». Ma il giorno dopo nessuno mi aiutava. Anche loro mentivano. Come mio padre quando disse che le cose a casa sarebbero sicuramente cambiate.

Mi rivolsi di nuovo all'esercito, ricordandomi che Pasha si era salvato grazie a loro; e questa volta mi offrirono una mano. Mi risposero che se volevo potevo stare con loro nelle baracche, dormire al sicuro e, se capitava, mangiare qualcosa dei loro scarti. Ci andai.

Fu solo un'illusione. Dopo pochi giorni mi resi conto che la vita con loro era come la vita in strada. Nessuna differenza. C'erano fame e freddo e per di più non ero libero. Tornai in strada.

Continuai ad andare ai servizi sociali per pretendere il mio diritto, quello di mangiare e di avere un posto dove stare.

Lì trovai una signora con cui feci amicizia. Anche lei si rivolgeva quasi ogni giorno ai servizi sociali, perché aveva una famiglia molto numerosa e aiutava altri bambini, che non erano suoi. I servizi sociali le davano dei soldi per mantenere i figli che aveva adottato. Era una signora speciale, con cui parlare e confidarsi delle proprie preoccupazioni. Mi chiese se volevo andare da lei. Non mi pareva vero. Finalmente qualcuno che mi aiutava davvero.

Andai subito a casa sua. Ci stavo benissimo. Ero felice, mi divertivo, mangiavo e avevo un letto dove dormire. Mi sembrava di avere di nuovo una famiglia, come quella che avevo prima della fuga di mia madre. Un giorno, però, al rientro dai servizi sociali, la signora aveva il viso scuro. Non le avevano dato i soldi settimanali. Disse che ce l'avrebbe fatta solo per altri quindici giorni. I soldi poi sarebbero finiti. E io non avrei più avuto una casa.

Con lei, vissi un mese bellissimo. Ma anche stavolta qualcosa doveva rompersi, così come il mio sogno di avere una famiglia. Qualcuno mi voleva male, qualcuno mi voleva far soffrire.

Passate queste ultime due settimane, la signora mi riportò ai servizi sociali, al Pci e poi alla polizia, per aiutarmi in qualche modo.

Grazie a lei ricevetti l'aiuto che cercavo da tempo. Ai servizi sociali mi misero in contatto con il Mthunzi Centre di Lusaka. Ascoltai la telefonata, capivo bene l'inglese, e sentii che lì c'era posto anche per me.

Non dimenticherò mai quella donna. Fu solo merito suo se mi ascoltarono e mi aiutarono. Fu lei a dire che ero un bravissimo ragazzo, pieno di qualità e di affetto. Ogni tanto ci penso, e prima di addormentarmi prego per lei.

Era il 15 ottobre del 2002. Un martedì. Alle quattro e quaranta di mattina mi misero sull'autobus per Lusaka e arrivai al Mthunzi Centre.

Arrivato qui, le prime tre settimane furono difficili. Mi sembrava di stare di nuovo in strada. E poi tutte quelle regole e i programmi e le riunioni. Una noia, insomma. Poi mi sono buttato nello studio. Mi è sempre piaciuto molto studiare, imparare cose nuove. Mi sono appassionato ai libri e alla lettura.

Le materie che amo di più sono gli studi sociali, le scienze e l'inglese. Sogno di diventare un ingegnere aeronautico o meccanico. Se c'è una cosa che adoro è aggiustare le radioline, gli apparecchi meccanici, capire i meccanismi degli oggetti. Adoro anche i motori e le macchine.

Non mi dispiacerebbe conoscere anche le stelle. Ogni volta che alzo gli occhi al cielo sono curiosissimo di sapere perché quella stella sta lì e quell'altra là. Prima o poi dovrò studiare anche l'astronomia.

Ho anche una grande passione per il riposo. Mi piace stare in vacanza, dormire e non fare niente, rilassandomi e ascoltando musica.

Da grande mi piacerebbe fare un lavoro per aiutare gli altri. Dà molta gioia dare sostegno a qualcuno che ha bisogno di te.

Di mio padre non so più nulla. E nemmeno vorrei sapere qualcosa. Se lo vedessi scapperei via. Certo, preferisco sapere che è vivo e che sta bene, ma non mi interessa sapere dov'è o cosa fa.

Neanche di mia madre ho notizie, ma a Natale andrò a cercarla, a Kasama.

Mamma era una donna molto buona, da come ricordo. Sarei felicissimo di vederla, anche se un po' imbarazzato. Penso spesso al momento in cui la rivedrò. Penso alle parole da dirle e ai gesti da fare.

La prima cosa che farei è raccontarle la mia vita. Le direi delle cattiverie che la mia matrigna mi ha riservato, ma soprattutto le ricorderei una storia che lei mi raccontava, quando ero piccolo.

Prima di dormire mamma veniva vicino al mio letto e mi raccontava una storia vera ma molto triste. Parlava di un ragazzo a cui succedevano tante cose brutte. Allora direi a mia madre: «Mamma, la storia che mi raccontavi era la mia storia. Non era una storia inventata, ma descriveva la mia vita».

Non le farei domande sul perché se ne andò, sul perché decise di fuggire e di lasciarmi solo. Lei si giustificherebbe e mi riempirebbe di spiegazioni senza senso. Io non riuscirei a capire i suoi ragionamenti e i suoi motivi. Piuttosto le chiederei quale fu il suo problema. Il problema che la fece fuggire.

Mi si stringerà il cuore, quando la vedrò. In un solo istante ricorderò tutto il mio passato.

Quando penso a mamma mi viene una fitta al cuore.

Ogni volta che qualcuno dice «mucinshi», che in *bemba* significa rispetto, penso a lei. È lei che mi ha insegnato cos'è il rispetto. Mamma usava spesso quella parola. Mio padre invece diceva sempre «olalà», come fosse sempre sorpreso delle cose.

Da quando sono qui al Mthunzi Centre ho rielaborato tutta la mia vita, i miei ricordi, le cose che mi sono capitate. Solo da qui posso fare paragoni col passato. Se non hai termini di paragone vivi senza chiederti se quello che stai vivendo è bene o male, se è meglio o peggio.

In strada non hai tempo di pensare, non ti rendi conto di quello che succede perché il primo imperativo è sopravvivere, trovare qualcosa da mangiare e un modo per ripararti dal freddo. In strada hai troppi problemi da affrontare tutti i giorni per avere il tempo e la forza di pensare.

Con gli altri ragazzi di strada che fanno la tua vita non parli mai del tuo passato. Non dici se hai una mamma o un papà, non dici dove vivevi o cosa facevi. Ognuno deve pensare a sopravvivere. Pensare solo per sé. A nessuno interessa quanti fratelli hai o dove sono i tuoi genitori, se sono vivi o se sono morti. Bisogna pensare all'oggi e non al passato. L'importante è resistere.

Ora sto bene perché la punizione della strada è finita.

Finalmente so che se qualcuno voleva farmi soffrire ha finito di farlo.

Tra Che Guevara e De Amicis

Tra Che Guevara e De Amicis. Ecco dove mi sento di stare.

Sono un medico comunista con spirito cristiano. Un uomo a metà tra la combattività rivoluzionaria del «Che» e la solidarietà attenta di De Amicis.

Sono nato a Cesenatico alla fine degli anni Cinquanta da due genitori splendidi. Mia madre e mio padre lavoravano insieme, avevano un negozio di fiori e un'avviata attività di floricoltura. La mia famiglia era benestante, si viveva nel pieno del boom economico, gli anni più rigogliosi che io ricordi. A me e a mio fratello, di cinque anni più piccolo, non è mai mancato niente.

La mia infanzia è stata felice, sono cresciuto bene, tra la gioia e l'affetto dei miei genitori e dei miei amici. Giocavo, correvo, mi godevo la mia gioventù.

La mia Africa da bambino era il continente delle avventure, pieno di bestie feroci, dove intrepidi esploratori andavano a caccia del pericolo, trovando cannibali e popolazioni bellicose. Sognavo di partecipare anch'io a quelle rocambolesche avventure, passando dall'Africa nera all'India misteriosa, senza tralasciare il Far West.

Sono cresciuto col mito dei viaggi avventurosi, quelli letti nei libri e visti nei film. Mi è sempre piaciuto tanto leggere. L'Africa era ai miei occhi un luogo lontano e pieno di fascino.

A scuola ero un bravo scolaro, mi sono sempre impegnato, ma il più delle volte mi concedevo attimi di sogno, viaggi d'immaginazione e giochi pieni di vicissitudini eroiche.

Guardavo fuori dalla finestra della classe e mi vedevo protagonista di grandi avventure, rincorso dagli indiani o alla ricerca di qualche tesoro nascosto in una regione misteriosa.

Quando sono cresciuto, pur senza perdere la mia fervida immaginazione, mi sono dedicato con tutta l'anima allo sport. Fu per me una grande, grandissima passione. Correndo, o facendo atletica leggera, mi sentivo vivo. Mi allenavo molto e non mi stancavo mai. Ero giovane ma tenace.

Un giorno però accadde quello che non avrei mai voluto accadesse. Un infortunio mi fermò e, all'età di sedici anni, mi costrinse ad abbandonare l'atletica leggera. Fu dura accettare il ritiro, avevo ancora tanta energia da scaricare all'esterno.

Allora arrivò il momento di cambiare rotta, di incanalare tutta la forza che mettevo nello sport in qualcos'altro. La mia scelta ricadde spontaneamente nella lettura e nell'impegno politico e sociale.

Erano gli anni Settanta, anni di grande movimento. Erano i mitici anni delle grandi rivoluzioni e delle grandi cadute. Quel periodo, in cui frequentavo il liceo scientifico a Cesena, fu caratterizzato dall'attenzione crescente alla politica e all'impegno nel campo del sociale, due capisaldi di tutta la mia vita.

Ero stato eletto rappresentante degli studenti nel consiglio d'istituto, divenni un leader. Furono anni di grande crescita, pieni di scivoloni ideologici, ma unici e ricchi per la mia generazione. Fu proprio in quegli anni, in quegli sbagli e in quelle conquiste, che la mia generazione prese coscienza di molte cose.

La voglia comune che avevamo, noi giovani d'allora, era quella di andare oltre, di sentirci protagonisti di un momento importante, in cui anche noi potevamo contribuire ai grandi cambiamenti. Volevamo alimentare il fuoco dei nostri sogni.

Purtroppo gli amici di gioventù, quelli con cui ho vissuto i passaggi chiave della mia crescita, sia politica che morale, sono andati incontro a fenomeni drammatici. Alcuni hanno preso la strada del terrorismo e della violenza politica, altri quella della droga. Ho perso buona parte degli amici più cari, tra overdose, arresti e decessi.

Durante l'occupazione, nell'ultimo anno di liceo, conobbi quella che sarebbe stata la mia compagna di una vita, Patrizia. Con lei iniziarono anni bellissimi, c'era una grandissima affinità, avevamo voglia di stare insieme, di crescere insieme. Patrizia aveva solo un anno meno di me, ma ci capivamo in tutto: era come se io e lei prima o poi avessimo dovuto incontrarci. Furono quelli gli anni fondamentali della mia vita, anni di maturazione e di scelte, anni di comprensione e di confronto reale.

Proprio allora nacque in me l'aspirazione a fare qualcosa di buono nella vita, a fare del bene, a trovare un lavoro che potesse essere d'aiuto agli altri.

Mia madre aveva avuto un'infanzia difficile e tormentata. La sua famiglia era molto povera e i genitori si ammalarono presto. Da giovane conobbe una suora che la aiutò a essere forte, a sostenere la situazione familiare che andava a rotoli e le trasmise un senso cristiano orientato al buon comportamento e all'aiuto agli altri. Un comportamento che poi mi tramandò.

Mamma era naturalmente vicina agli altri, con intensità, aiutava le persone meno abbienti, si prodigava per loro. Era dotata di un vero spirito cristiano, inteso nel senso pieno e originario del termine.

Mio padre invece era, ed è tuttora, un grande anticlericale. Non può sopportare argomenti relativi alla Chiesa, al clero, ai preti. Papà è un vero comunista romagnolo, di quelli di una volta.

Per me la religione è stata un'imposizione: come per molti bambini la incontrai obbligatoriamente a scuola e la portai avanti, tra dottrine e catechismi, fino alla comunione.

A quattordici anni ho rotto bruscamente col cattolicesimo. Si discuteva ardentemente di divorzio: io ero a favore del divorzio, i cattolici contrari. Chiusi il conto col cattolicesimo e lo scontro ideologico finì così, senza tanti tira e molla.

Ancora oggi nutro un grande rispetto per alcune figure propriamente cristiane come san Francesco, ma dal cattolicesimo mi allontanai sempre più. Fino al mio primo viaggio in Africa. Avevo una pessima opinione dei preti, ma in Africa ne conobbi alcuni davvero in gamba, persone che hanno cambiato profondamente il mondo e le ingiustizie.

Non sono religioso: a conti fatti, mi definisco laico o, ancor meglio, agnostico.

Nella scelta universitaria ero indeciso tra l'iscrivermi a Medicina o a Giurisprudenza. Il medico e l'avvocato erano due professioni che mi avrebbero permesso di dare una mano al prossimo, di avere contatti umani con le persone. Alla fine decisi di iscrivermi a Medicina, a Bologna.

Mi piaceva molto studiare, mi impegnavo, perché sentivo che un giorno avrei potuto aiutare altre persone. Avevo questo pensiero ricorrente e sostenevo gli esami con una certa frequenza, così avrei potuto arrivare prima al mio obiettivo, quello di dare un aiuto ai malati.

Più mi avvicinavo alla laurea e più cresceva dentro di me anche un altro pensiero, legato sempre alla volontà di fare del bene. Desideravo andare a vivere un'esperienza di volontariato in Africa, magari con qualche missionario o con Medici senza frontiere. Sarebbe stato l'ideale, avrei potuto unire la mia voglia di avventura e di viaggio all'intervento a favore di popolazioni disagiate. Insieme ad altri amici accomunati dalla mia medesima aspirazione presi le informazioni necessarie.

Patrizia, che nel frattempo si era iscritta alla facoltà di Fisica a Bologna, mi appoggiava pienamente. Anche lei voleva partire con me. Già immaginavo come sarebbe stato intenso e stupendo condividere un viaggio simile con lei e con alcuni compagni di studio. Non pensavamo ad altro.

Quando però eravamo in procinto di partire, nel 1981, all'improvviso mia madre morì, a soli cinquantun anni.

La mia vita subì una scossa tellurica. Saltò ogni progetto. Per me e per tutta la mia famiglia le cose andarono all'aria, tutto venne stravolto. Fu un evento terribile e assolutamente inaspettato. Perdere una madre, ancora così giovane, è una delle cose più dolorose che possano capitare.

Passammo anni molto brutti, pieni di tristezza e difficoltà.

A vent'anni sposai Patrizia e avemmo una bambina, Alice. Lei dovette interrompere gli studi per stare accanto alla piccola. Vivevamo a Bologna, in un appartamento piccolo piccolo, che costava poco.

Quando gli amici venivano a trovarci, non si sapeva bene come sistemarsi. Allora ci sedevamo per terra, con Alice in grembo. Passavamo serate bellissime, vitali. Eravamo ancora pieni di idee e di voglia di cambiare il mondo. Nostra figlia era diventata la mascotte del gruppo. Io e Patrizia la chiamammo Alice in onore di Radio Alice, la radio libera di Bologna che era nata due anni prima.

Terminata l'università la vita divenne sempre più dura. Bisognava trovare un lavoro che ci permettesse di guadagnare bene, dare il meglio alla bambina, pensare a noi e al futuro della nostra famiglia.

Dapprima feci la guardia medica e lavorai al pronto soccorso di Cesena, passando molte notti fuori casa. Erano lavori che non facevano guadagnare molto, ma servivano a fare esperienza, a imparare come muoversi sul campo. Per un medico è fondamentale vedere tanti casi ed esercitare. Poi mi specializzai in agopuntura, infine in igiene, medicina preventiva e dello sport.

Fu così che l'Africa prese un andamento carsico. Non scomparve mai dalla nostra testa, ma fu messa un po' in *standby*, nel congelatore.

Io facevo il medico, mia moglie era stata assunta come tecnico di laboratorio. Si lavorava sodo e pian piano ci siamo assestati. Abbiamo fatto le formiche per molto tempo, cercando di spendere il minimo indispensabile e mettendo da parte i soldi per costruirci una casa nostra.

Siamo andati a vivere a Cesenatico, vicino al mare, accanto a mio padre ormai solo. Nel giro di pochi mesi è arrivata un'altra figlia, Giulia, e la vita ha iniziato a prendere un aspetto sempre più sereno e bello, dopo i primi, duri anni.

È dal 1990 che lavoro come medico della sanità pubblica, oggi sono un direttore.

Poi scoppiò il conflitto in Jugoslavia, una tragedia che colpì profondamente la mia vita. Ho sentito questa guerra dentro di me con un tale dolore che mi sono reso conto di non voler più vivere nella spensieratezza dei miei anni Ottanta.

Persi la serenità, non pensavo ad altro che a quella stupida e crudele guerra che provocava morti ingiuste e non sedava i rancori. Il mio spirito solidale al dolore altrui riemergeva con forza: bisognava agire, in qualsiasi modo utile. All'inizio degli anni Novanta, mentre la guerra era così vicina a noi, quella guerra assurda che tuonava al di là del mare, decisi di uscire dalla passività in cui mi sentivo da tempo. Ero diventato uno spettatore di quello che accadeva. Pensai a quanto mi sarebbe piaciuto fare qualcosa, scrollarmi di dosso quel benessere fittizio, ora che le mie due figlie erano un po' più grandi.

Cominciai a introdurmi all'interno di quel movimento fatto di immigrati, i primi immigrati in Italia, e di volontari che li aiutavano. Era una novità, c'erano da fare molte cose, e ancor più da capire. Il torpore degli ultimi anni svanì in pochi attimi.

Casualmente, durante un congresso di lavoro, conobbi un medico che per lungo tempo aveva lavorato in Africa. Alla fine della sua relazione mi avvicinai timidamente a lui e gli chiesi consigli utili per partire, per fare qualcosa di concreto. Ero stanco della mia immobilità. Lui, tra lo stupito e il divertito, mi disse di cominciare con un viaggio conoscitivo. Mi appuntò in un foglietto il nome di un prete bolognese, padre Contiero, e mi raccontò dei suoi giri in Tanzania.

Non ci pensai due volte e la domenica successiva corsi a Bologna da padre Contiero per propormi nel prossimo suo viaggio: ero un medico, condizione che giocava a mio vantaggio, nonostante avessi un'età avanzata rispetto ai ragazzi che di solito partivano con lui.

Lo guardai fisso negli occhi e gli dissi: «Ho trentotto anni e parto con mia moglie e le mie due figlie». Contiero mi guardò come fossi un pazzo, cercò in ogni modo di spaventarmi, elencandomi tutti i rischi che io e la mia famiglia potevamo correre.

Davanti alla mia incrollabile volontà di partire mi disse che le ipotesi erano due: o ero un pazzo o ero davvero motivato. Si arrese e ci prese con sé.

Alla fine la mia figlia più grande non se la sentì di partire, quindi facemmo le valigie io, mia moglie e Giulia, che aveva solo nove anni.

Fu un viaggio importante, che mi permise di fare una verifica sulla mia volontà. Dovevo capire se quello che tanto desideravo era reale e se non sarebbe crollato, una volta arrivati sul posto. A volte si hanno sogni che cadono presto, come castelli di sabbia al vento.

Il primo impatto con la Tanzania fu tutt'altro che semplice. Dopo i primi giorni sentii che l'ambiente che mi circondava mi aveva fatto perdere tutte le certezze che avevo. Mi sentivo cadere, ma allo stesso tempo ero tremendamente attratto dalla gente che popolava quel paese, da quei modi di fare così liberi e gentili.

Quel viaggio fu utile per iniziare a conoscere le mille sfaccettature dell'Africa. Potei vedere a quattr'occhi gli interventi dei missionari e delle Ong sul campo: dovevo capire se avevo davvero voglia di andare avanti in questa direzione, se volevo portare la mia professionalità in Africa, anche per sempre. Ero stanco di fare le vacanze senza dar loro un senso, stanco di girare solo per l'Italia e l'Europa.

Proprio in Tanzania nacque l'idea di fare in modo che, se non proprio del mio mestiere, l'Africa diventasse almeno il luogo delle mie esperienze di volontariato, del mio tempo libero. A dire il vero, avevo e ho sempre nella testa il pensiero di lavorare lì, ma con un padre anziano e una figlia che va ancora a scuola non sono nella giuste condizioni per mollare tutto, qui in Italia.

Nel frattempo non mi sono arreso e mi sono impegnato in altre maniere. Ho partecipato alla missione Arcobaleno in Kosovo, come medico in un campo profughi, tentando di concretizzare il mio desiderio di trovare una soddisfazione più grande nel mio lavoro.

In Italia mi sono occupato di immigrati, di missioni, poi ho conosciuto l'associazione Amani, attraverso il passaparola di amici che erano già venuti con me in Tanzania. Mi piacque subito la sua impostazione e alla prima occasione partii con loro.

Era il giugno 2000, la direzione quella dei monti Nuba. La stessa estate andai con tutta la famiglia in Kenya, dove conobbi di persona padre Kizito. Provo una grande ammirazione per lui, perché è una delle poche persone che ha dimostrato cosa significa amare veramente gli africani, è un uomo dalla grandissima cultura, capace di progettare e realizzare interventi buoni e duraturi in Africa. Kizito per me è stato ed è ancora una grande fonte di ispirazione. Lui mi ha accettato anche se non sono credente, senza nessun problema. Lui è un vero «padre».

Con quel viaggio si scatenò la mia voglia di continuare, anche da casa mi impegnai a favore dell'Africa e dei centri per bambini di strada che Amani sostiene in Kenya e in Zambia. Diventai presto socio di Amani, di cui oggi sono anche il vice presidente.

Da medico ero interessato soprattutto a realizzare strutture sanitarie in Africa, cominciando dal Kenya. Kizito mi parlava sempre dello Zambia, di quella comunità dove la situazione era difficile e dove si erano susseguite disgrazie e traversie che sembravano apparire come maledizioni.

Non sapevo resistere alla tentazione di vedere con i miei occhi come fosse lo Zambia. Alla fine gli chiesi di poter andare a visitare quella comunità. Partimmo nell'aprile del 2002, con mia moglie e due amici di Amani. Da un lato capimmo che lì la situazione era molto critica, perché c'erano pochi mezzi per accogliere i bambini di strada. D'altro canto, però, si percepivano grosse potenzialità di crescita. Investire su quel centro era una scommessa da fare.

Come primo obiettivo mi posi quello di aprire un piccolo poliambulatorio per l'assistenza sanitaria ai bambini del centro e a tutta la popolazione dei villaggi vicini, che oggi funziona a tempo pieno. Vivendo isolati e lontani dalla città i membri della Koinonia e dei villaggi vicini avevano un assoluto bisogno di un sostegno medico quotidiano. In Africa, anche se a noi sembra assurdo, si muore di influenza e non è una cosa così rara.

Da vice presidente posso dire che quel che mi è piaciuto subito di Amani è che, essendo una piccola organizzazione, è formata da poche persone, che conosci personalmente e delle quali puoi fidarti. Amani permette di seguire i progetti con accuratezza, perché si sta attenti a non esagerare e strafare con i piani, rischiando di far crollare tutte le aspettative.

L'associazione ha un grande pregio, che è il suo principio base: intervenire nelle realtà africane lavorando con persone del luogo e non portando giù progetti già confezionati con personale straniero, strapagato e distante dall'inserimento nella realtà africana. Il radicamento nella società locale è forte e sono i bisogni espressi dalla popolazione locale a essere soddisfatti.

Inoltre Amani lavora in Africa, ma lavora anche in Italia, dando a persone come me l'opportunità di incontrare l'Africa, quella dei posti più remoti e sconosciuti. L'Africa dei posti veri e pulsanti di vita.

La prima volta che sono partito per l'Africa intendevo iniziare un percorso duraturo e incisivo. Finalmente la mia scelta giovanile, frenata dagli eventi di quei tempi, è diventata realtà.

Ho sempre cercato di trovare il modo di fare cose socialmente utili, con un occhio spalancato su chi ha bisogno di aiuto. Ho ereditato questa mentalità da mia madre e ho affrontato gli anni di Medicina con questo preciso spirito. Ma questo mio modo di pensare è nato anche dalla mia coscienza politica, dall'aumento delle ingiustizie intorno a noi e nel mondo: cosa fare per dare? Non è facile trovare una risposta.

Che Guevara fu importante per la mia generazione, come lo fu il dottor Albert Schweitzer dopo l'esperienza nei lebbrosari dell'America latina, ancor più per me che ero un medico e potevo capire la sua presa di coscienza. Sono loro i miei miti, quei medici sociali che hanno cambiato le cose in profondità.

Rimango legato al socialismo romantico dell'Ottocento, a quei medici che lavoravano gratuitamente per i bisognosi, senza contare soldi né straordinari.

Nella mia carriera di medico «umano», ho cercato di essere un dottore che lavora con i poveri, con gli immigrati e con i lavoratori.

L'ho fatto qui in Italia, ora c'è l'Africa che mi aspetta.

Ciao, sono «Ncinga»

Ciao, sono «Ncinga». Cosa vuole dire *ncinga*? Bicicletta! Adoro le biciclette.

Ho dodici anni e sogno di avere una bicicletta tutta mia. Sarebbe fantastico. Mi andrebbe bene anche un camion. Da grande farò il camionista e girerò il mondo.

Il mio soprannome, dicevo, è «Ncinga». Noi ragazzi abbiamo tutti un soprannome. Il mio è venuto fuori qualche tempo fa, quando ne combinai una delle mie.

Stavo qui al Mthunzi Centre e con Gift sono andato a fare un giro nei campi con del carbone in tasca. L'avevamo preso dalla cucina e ci aveva sporcato tutti i pantaloni. Non ne volevo fare niente di speciale, volevo solo avere un po' di carbone con me. Quando mi accorsi che avevo sporcato tutti i pantaloncini mi prese una gran paura. Se qualcuno avesse visto quel nero mi avrebbero cercato nelle tasche e avrebbero trovato il carbone che avevo rubato.

Cosa potevo fare? L'unica soluzione era correre via, scappare per sempre dal Mthunzi. Anne però ci vide e subito notò quello strano nero sui pantaloni.

«Ehi, voi due, cosa avete in tasca?», ci chiese Anne.

«Niente, niente, perché?».

Era sicuramente meglio fare finta di niente.

«Non ci credo, siete tutti neri, fate vedere cos'è successo».

Aiuto! Ci avevano scoperto!

Anne si avvicinò e ci trovò il carbone in tasca.

Subito, per difendermi, dissi: «Forse qualcuno me l'ha messo in tasca, io non ne so proprio niente!».

Lei rise, ma avevo paura lo stesso. Dentro di me pensavo: «Aiuto, questa è la volta buona che mi picchiano!».

Sono corso in camera, ho messo il mio vestito di ricambio in un sacchetto di plastica e sono scappato. Cosa potevo fare altrimenti?

Ho preso un autobus che passa per Kasupe diretto verso la città. Sono sceso in una stazione di Lusaka che conoscevo bene e siccome avevo fame mi sono messo a chiedere l'elemosina come facevo una volta quando vivevo in strada. Mi sa che non ero più tanto abituato perché nessuno mi dava soldi. Attorno a me c'erano altri ragazzi di strada che mi guardavano losco. Ero tutto sporco di carbone, come loro, ma forse avevano capito che stavo meglio di loro e che non ero più un bambino di strada.

A un certo punto mi si avvicina un signore e mi chiede: «Cosa fai? Dove vuoi andare?».

E io: «A casa!».

«E come ci vuoi andare a casa?».

«In bicicletta!».

«Ah, e dove abiti?».

«A Bauleni».

Bauleni è un posto molto lontano da Lusaka, impossibile da raggiungere in bicicletta. Io avevo risposto male. Mi ero tradito. Quello non mi avrebbe mai dato un soldo. E nemmeno una bici!

«Di cosa hai bisogno, allora, se vuoi andare a casa?», mi chiese il signore.

«Di una bicicletta!».

«Una bicicletta?!?».

«Sono orfano, aiuto, ho bisogno di cibo, non ho più genitori, vi prego, datemi una bicicletta».

L'uomo non sapeva se ridere o meno. A quel punto si è messo in mezzo un ragazzo di strada, quello che mi guardava più intensamente, e mi ha chiesto con sospetto: «Ma tu non sei del Mthunzi?».

E io: «Io?!? No, assolutamente no».

«Ma sì, tu sei uno del Mthunzi Centre!».

«No, ti sbagli, non sono io».

«Ma sì, sono sicuro, tu sei un ragazzo del Mthunzi Centre!».

Continuavo a negare, ma fisicamente stavo meglio dei ragazzi di strada. Io mangiavo tutti i giorni a pranzo e a cena, e mica mangiavo una mela... E si vedeva, accidenti!

Allora il signore disse: «Ma se non sei del Mthunzi Centre, allora è meglio portarti lì. Ci starai bene».

Ormai mi avevano scoperto. Uffa. Niente bicicletta.

«Ok, ok, avete ragione. Io sono del Mthunzi Centre», dissi sconsolato.

E me ne sono andato a casa, al Mthunzi Centre, con la coda tra le gambe.

Insomma, non è andata benissimo, ma mi sono guadagnato un soprannome che mi piace molto. «Ncinga».

Quanto avrei voluto una bicicletta, quando ero più piccolo! È sempre stato un mio grande sogno.

Vivevo a Bauleni con mia madre, mio padre e altri fratelli. Io ero il primo, il più grande. Dopo di me c'erano due maschi e tre femmine. Mio padre era buonissimo. Faceva il meccanico e quando tornava a casa, la sera, mi chiedeva sempre come stavo. Aveva un bel sorriso, aveva le mani grosse grosse ed era simpatico, ci faceva ridere.

Mamma invece era cattiva e mi picchiava. Voleva che io trovassi da mangiare in giro, ma si doveva andare molto lontano per trovare cibo. Io cercavo da mangiare tutti i giorni e non lo trovavo mai. E dire che mi piace tanto mangiare...

Ma non trovavo mai niente di buono. Allora mamma mi picchiava, ogni sera.

Stanco di essere sempre picchiato ho pensato che dovevo trovare una soluzione. Non potevo aver paura tutto il giorno che arrivasse la sera, assieme alle botte di mamma. Forse in città avrei trovato qualcosa da mangiare. Ma la città era lontana e la sera, se rientravo più tardi del solito, mamma mi avrebbe picchiato lo stesso.

Allora ho deciso di andare in città, sì, ma di andare a viverci, da solo. Non ho detto nulla a casa e non mi sono fatto vedere mentre uscivo. Sono scappato la mattina prestissimo, alle sei, quando tutti dormivano. Eravamo poveri e non mangiavamo mai. Tanto valeva provare a stare da solo.

Era la prima volta che vedevo la città. Ci arrivai in autobus. Avevo addosso solo una canottiera rossa. Faceva un freddo cane. Mamma mia, che freddo. Me lo ricordo ancora. Freddo, freddo, freddo e fame, fame, fame.

Tremavo e piangevo, quando vidi un ragazzo dalla faccia buona sdraiato per terra. Mi sono avvicinato a lui. Si chiamava Charles. Stava dormendo sotto i portici. L'ho implorato di aiutarmi.

Piangevo e tremavo. Di solito non piango, ma quella notte, la prima in strada, stavo proprio male. Lui mi ha rivolto la parola e mi ha detto che mi avrebbe protetto. Era più grande di me e molto gentile. L'ho supplicato di poter entrare nel suo gruppo. Lui si è appartato coi suoi amici e io non sentivo cosa si dicevano. Poi mi si è avvicinato e mi ha accettato nel suo gruppo.

«Ok, vieni con noi. Stai troppo male da solo», mi disse.

Che bello, avevo un nuovo amico! Certo, lui era un capo, era grande e forte, cento volte più di me, ma potevo stare con lui e avere la sua protezione. È importante avere qualcuno che ti protegge in strada, perché ci sono mille pericoli.

In strada si mangiava davvero poco. Trovare cibo è la cosa più difficile del mondo. Se ti va bene ceni con un pezzo di frutta. Il più delle volte mezza mela. L'altra mezza la dividi con un amico del tuo gruppo. Si condivide tutto, se sei dentro un gruppo.

In strada hai sempre fame. Mezza mela è poca, per riempire la pancia. E col freddo senti il bisogno di mangiare qualcosa di più. Allora sniffi il *bostick.* Così ti passano la fame e il freddo. Erano i più grandi del gruppo a darci la colla. Io non avevo i soldi per prenderla. Quando sniffi ti senti leggero leggero, come una piuma. E non senti la fame. Se la sniffi prima di andare a dormire ti addormenti subito, senza pensare a niente. Non senti nemmeno il freddo. È un bene, altrimenti non dormiresti per niente. Io riuscivo a stare anche solo con la mia canottiera rossa e a dormire bene, se prendevo il *bostick*.

Sono rimasto cinque settimane per a strada. Avevo dieci anni.

Dormivo nei corridoi e davanti alle entrate dei negozi, col mio cartoncino preso dalla spazzatura. Me lo portavo sempre in giro, per paura di non trovarne un altro per la notte successiva. Quando faceva buio lo stendevo per terra con cura e mi ci sdraiavo. Ci trovavamo con tutto il gruppo, ci si metteva in cerchio e si accendeva il fuoco in mezzo. Si sta bene vicino al fuoco, col caldo che combatte contro la notte fredda. Si parla, si chiacchiera, si sniffa colla e poi si dorme. Fino al giorno dopo.

Non si deve mai dormire nello stesso posto perché c'è il rischio della polizia. Se dormi sempre in questo o in quel luogo i poliziotti, insospettiti, ti trovano. Se ti beccano sempre nello stesso posto ti picchiano, perché dormire vicino ai negozi non si può fare. Sono luoghi privati e la polizia ha pistole grandi per farti male. Ogni tanto mi hanno preso e mi sono beccato tante di quelle botte. Per fortuna, in strada, esistono gli amici che ti aiutano.

Era importante essere amico di Charles perché lui conosceva bene i poliziotti. Uno di loro in particolare era suo amico e ogni tanto ci dava qualcosa da mangiare.

Fu sempre Charles a insegnarmi come ci si deve comportare in strada e come dormire per non essere picchiati o derubati. Senza di lui mi sarei sentito perso. E avrei sbagliato tante volte. E quando sbagli c'è sempre qualcuno che ti picchia.

Per esempio da lui imparai che devi stare attento a non addormentarti, se hai dei soldi dietro. Devi spenderli e non tenerteli mai addosso.

Io pensavo che fosse utile raccogliere i soldi delle elemosine e nasconderli sotto i vestiti, conservarli per mangiare il giorno dopo. Ma Charles mi disse che era un grande errore. Se mentre dormivi qualche altro ragazzo di strada sapeva che avevi i soldi addosso ti avvolgeva le caviglie con carta e plastica e poi ti dava fuoco. Mentre tu saltavi dal dolore e cercavi di spegnere il fuoco, gli altri ti rubavano i soldi. Per fortuna l'ho saputo subito e non ho mai dormito con i soldi appresso.

Mia madre, dopo qualche settimana dal giorno della mia fuga, si ricordò di me e venne a cercarmi in strada. Mi trovò seduto per terra con in mano del fil di ferro. Mi piace costruire le macchine e i camion con il fil di ferro, piegarlo e farlo diventare qualcos'altro.

Io ho visto le sue gambe davanti a me, le ho riconosciute e ho alzato gli occhi.

Lei mi disse: «Figlio, torna, torna da me». Ma io rifiutai. Me n'ero andato perché non stavo bene con lei e so che mi avrebbe picchiato ancora, come sempre, come ogni sera. Le dissi: «Mamma, non posso tornare, tu mi picchi e non mi dai mai da mangiare».

Ma lei fece la faccia buona e disse che no, non mi avrebbe picchiato mai più: «Non succederà, te lo prometto, perdonami».

Non le credevo. Era bugiarda. Mi avrebbe picchiato di sicuro.

«Non ti voglio più vedere, mamma, vattene, io resto qui», dissi.

Allora lei si infuriò e mi disse che se questa era la mia scelta non sarei mai più dovuto tornare a casa. Non avrei più dovuto farmi vedere. Mai e poi mai, per nessun motivo.

Obbedii.

Ma se a casa mia stavo male anche in strada non si stava tanto bene. E avevo sempre paura che qualcuno mi facesse del male.

Un giorno ho detto al mio amico Charles: «Non ce la faccio più, mi sa che torno a casa». Ma Charles sapeva che a casa stavo male e che mi picchiavano, gliel'avevo raccontato io, allora mi propose di andare al Mthunzi Centre.

«Al Mthunzi Centre si sta meglio, se vuoi ti accompagno lì», disse.

Mica ci avevo pensato, io, al Mthunzi Centre. E se poi lì dentro mi picchiavano?

Ho meditato sulla proposta del mio amico. Poi gli ho detto di sì. Charles mi ha sempre dato dei buoni consigli. Di lui mi fidavo.

Il giorno dopo siamo partiti, con l'autobus, per arrivare a Kasupe.

Una volta arrivati al cancello io ero terrorizzato. Magari volevano picchiarmi perché non mi conoscevano.

«No, Charles, andiamo via, io torno in strada con te», urlavo.

Ma Charles mi rassicurava.

Ho guardato tra le sbarre del cancello e ho visto dei ragazzi che giocavano nel cortile. Erano tranquilli, mica avevano i segni delle botte. Così mi sono calmato un pochino. Ho salutato Charles, che tornava a vivere in strada, e sono entrato dal cancello. Un po' mi tremavano le gambe.

Poi mi hanno dato fagioli e *nshima* e ho visto tutto con occhi diversi. Il Mthunzi Centre mi sembrava proprio un bel posto.

Mangerei sempre *nshima*, è buonissima. Solo che se vivi in strada ti abitui a certe cose e non riesci a scrollartele di dosso.

Ognuno, qui al Mthunzi Centre, ha il suo piatto col suo cibo. Ci sono *nshima*, fagioli, *kapenta*, *lepu*, *impwa*. Tu prendi il tuo piatto e te lo metti davanti. Poi preghi, e quando preghi chiudi gli occhi. Ma se chiudi gli occhi qualcuno ti ruba la *nshima*. Così credevo, appena arrivato qui.

«Bisogna nasconderla sotto il tavolo oppure mettersela dentro i polsini della maglia o della camicia», pensavo, «così quando apri gli occhi non hai perso neanche un grammo della tua polenta e puoi mangiare in pace».

Sono cose che impari in strada e che non ti abbandonano. Lo vedo dai ragazzi nuovi che vengono qui. Hanno paura che noi gli rubiamo la *nshima* e se la nascondono addosso. Ma io non gliela ruberei mai, adesso! Ora chiudo gli occhi quando prego e so che troverò il piatto allo stesso modo in cui lo avevo preso. Anche loro, quelli nuovi, prima o poi staranno tranquilli.

Dopo qualche notte al Mthunzi Centre ho pensato che i grandi volessero picchiarmi. Non ero ancora sicuro che mi volessero bene e non mi fidavo di nessuno. Ero il più piccolo e magari non stavo simpatico a quei ragazzi. Non so perché ho sempre paura che qualcuno voglia picchiarmi. Il clima era tranquillo, qui al Mthunzi, e nessuno aveva l'aria cattiva. Ma io avevo paura lo stesso.

Una notte ho fatto dei brutti sogni e la mattina sono corso via, fino alla fattoria che sta lontano da qui. Ho corso, corso e corso a gambe levate. Mi sono fermato col fiatone e ho pensato: «Ma perché scappo? Nessuno al Mthunzi Centre mi farà del male».

Sono tornato indietro e da quel giorno non me ne sono più andato da qui. Anzi, c'è quella volta del carbone e della bicicletta, ma nemmeno allora mi picchiarono.

Ora sto bene. Certo, però, che se qualcuno mi regalasse una bicicletta non avrei più paura di essere picchiato, perché so che correrei così veloce che nessuno riuscirebbe a prendermi!

Era sera quando mio padre morì

Era sera quando mio padre morì. Morì in casa, davanti ai miei occhi.

Io ero al suo fianco, accanto al letto, da solo. La mia matrigna stava in ospedale ad accudire la sorella più giovane, ammalata anche lei.

Non ho dimenticato un solo attimo di quella sera. Tutto rivive dentro la mia testa, come fosse ieri.

Quando mi accorsi che mio padre era morto feci un unico gesto. Il gesto che lui avrebbe voluto che io facessi. Mi avvicinai e gli chiusi gli occhi. Senza versare nemmeno una lacrima.

Un giorno, molti anni prima, mentre vivevamo insieme nella fattoria di cui mio padre era guardiano, mi disse: «Figlio, ricorda che quando morirò non dovrai piangere. Tutti prima o poi dobbiamo morire. Ma piangere non serve a niente. Bisogna piuttosto reagire, rifarsi una vita, alzarsi e lottare. Quando uno è morto, è morto e basta. Non si può restare una vita intera a piangere per qualcuno che non c'è più».

Quel suo insegnamento ha accompagnato tutti i momenti più difficili della mia vita. Mi dava forza. Ero orgoglioso di non aver pianto davanti alla sua morte. Lui sarebbe stato fiero di me.

Adoravo mio padre. Era un uomo buono e molto saggio. A dire la verità aveva studiato solo fino al *grade seven*, ma sembrava avesse frequentato anche il *college*, tanto era colto e preparato. Mi diceva sempre che una volta, ai suoi tempi, la scuola era migliore rispetto a quella di adesso.

Nel *compound* dove sono nato, Chawama, papà era amato da tutti. Era un uomo di cuore, molto noto perché sapeva aiutare chiunque avesse bisogno. Così lo ricordo io, come lo ricordano anche gli altri.

Papà cambiò vari lavori, ma quando io ero un bambino e vivevamo nel villaggio era una specie di erborista, un medico. Curava le persone con le erbe, ma non era né uno stregone né un mago. La medicina tradizionale che praticava era riconosciuta e controllata da una polizia speciale, quella che certifica questo tipo di cure.

Mia madre invece non lavorava e accudiva me e i miei fratelli. Non ricordo bene quanti fratelli avevo. Sono sicuro però che il maggiore morì, forse quando io dovevo ancora nascere, e che fui io a diventare, di diritto, il primogenito maschio.

Il fratellino che nacque dopo di me morì anche lui, poco dopo essere nato. E poi c'erano tre sorelle più grandi di me.

Avevo cinque anni quando mio padre e mia madre divorziarono. Da piccoli non si può decidere con chi stare. Andai con mia madre e le mie sorelle in una nuova abitazione a Ngo'mbe, dove ci aspettava il nuovo compagno di mia madre.

Per un anno non seppi più niente di mio padre, finché un giorno arrivò di persona a casa nostra e fece una furibonda litigata con mamma. Voleva a tutti i costi che io tornassi a vivere con lui, disse che ero il suo figlio preferito e che aveva fatto dei grandi sacrifici per mandarmi a scuola e crescermi. Mia madre controbatté allo stesso modo e disse che anche lei nella vita si era sacrificata tanto per me.

Mi sentivo importante nel sapere che tutti e due mi volevano con tanta decisione e orgoglio. Io ero troppo piccolo e non potevo certo scegliere con chi stare e dove andare. Come si fa a capire a chi vuoi più bene?

La discussione andò avanti a lungo. Alla fine mio padre vinse sulle ragioni di mia madre e io partii con lui.

In quel periodo papà viveva a John Howard, assieme a un'altra donna che aveva un figlio, che io chiamavo «fratello».

Il lavoro di mio padre era cambiato ed era molto interessante: faceva il cuoco in un famoso hotel di Lusaka. Era bravissimo a cucinare, sapeva essere veloce come nessun altro e preparare buoni piatti per un gran numero di persone. Ogni tanto gli stavo vicino in cucina, mentre lavorava, lo guardavo e imparavo anch'io qualcosa. Ancora adesso ricordo qualche trucco in cucina, ma, a dire la verità, non l'ho mai messo in pratica.

La sua bravura nel mestiere venne premiata e fu la *first lady* in persona a volerlo assumere per lavorare a casa del ministro delle Finanze. Gli elogi sulla cucina di mio padre arrivarono in alto e venne addirittura chiamato per lavorare in casa del Presidente, alle dipendenze del quale andammo a vivere tutti quanti, cioè io, lui, la mia matrigna e il mio «fratello». Ma fu proprio in quel periodo che papà si ammalò gravemente.

Pensammo subito che in quella casa, vicina a quella bellissima del Presidente, abitassero degli spiriti maligni, perché la sua malattia fu improvvisa e molto dolorosa. Papà divenne pallido e stanco, perse l'appetito e faceva fatica a muoversi. Così decidemmo di andarcene via, lontani dagli spiriti.

Tornammo a John Howard ma papà stava ancora male. Ogni tanto faceva qualche lavoretto, ma si ammalava sempre e aveva delle ricadute di volta in volta più gravi. Quando si riprese cominciò il lavoro come guardiano di una fattoria.

I ricchi proprietari della fattoria ci offrirono una casa molto grande in cui vivere, adiacente al loro casolare. Era una gran bella casa, però la mia matrigna aveva paura di abitarci. Diceva che era troppo grande e che a viverci le veniva il terrore. Di notte lei non dormiva mai e si agitava di continuo, così decise, insieme a suo figlio, di tornare dagli anziani genitori nel villaggio.

Fu per questo che io e mio padre ci trovammo a vivere a lungo da soli. Fu un periodo indimenticabile. Durante il giorno papà lavorava sempre e io, dopo la scuola, dovevo pulire e accudire la casa. Mi stancava studiare e star dietro alle faccende domestiche, ma le risate che ci facevamo la sera, prima di dormire, mi facevano dimenticare la fatica del giorno trascorso e di quello successivo.

Una sera però la bellezza di quei momenti si ruppe e accadde una cosa terribile.

Io e papà stavamo in giardino a giocare quando qualcuno si avvicinò di corsa al cancello e sparò più colpi diretti verso mio padre. Per fortuna nessun proiettile riuscì a colpirlo e in un baleno fuggimmo in casa. La paura fu tanta e la voce di mio padre, che cercava di tranquillizzarmi, tremava. Capivo che era successo qualcosa di grave e lo riempii di domande, ma lui mi disse solamente che era giunto il momento di andarsene. Forse qualcuno non voleva più che lui lavorasse alla fattoria o forse era stata colpa di un delinquente che voleva derubarlo.

Stavo malissimo al pensiero che qualcuno volesse uccidere mio padre. Cosa avrei fatto senza di lui?

Il giorno dopo l'attentato mio padre si ammalò nuovamente e la decisione di andarsene fu presto presa. Con papà che a stento stava in piedi e faticava persino a portare le valigie, partimmo verso la casa dei genitori della mia matrigna e abitammo con loro per qualche tempo, in attesa che la costruzione di una casetta per noi, a fianco di quella dei suoceri, fosse terminata.

Ci trasferimmo a pochi metri, la casa era carina ma mio padre non smise di stare male. Non lavorava più. Non ce la faceva. Rimaneva tutto il giorno a letto e non riusciva ad alzarsi in piedi. La sua voce era sempre più flebile, non si sentiva quasi. Le medicine non lo guarivano e la malattia correva al galoppo, al galoppo verso la sera in cui lo vidi morire con i miei occhi. E chiusi i suoi. Per me allora iniziò l'inferno.

La mia matrigna tornò dall'ospedale solo per constatare la morte di mio padre, ma corse subito dalla sorella che stava morendo.

Fui io che mi occupai del funerale. Compilai delle pratiche, parlai con delle persone, sbrigai tutte le faccende. Avevo tredici anni.

Dopo il funerale, dopo aver accompagnato la bara di mio padre al cimitero e averla vista sotterrare sotto palate di terra, mi trovai a casa completamente solo. La matrigna era ancora dalla sorella in ospedale. Io non avevo nessuno. E non dovevo piangere. Mio padre non avrebbe voluto.

In casa arrivarono i parenti della matrigna e subito pensai volessero aiutarmi, magari dirmi cosa fare o darmi da mangiare. Invece mi urlarono cose bruttissime che non posso dimenticare, mi dissero: «Sai cosa sei? Sei solo, un bambino solo. Nessuno ti ama. Non hai famiglia e, ora che tuo padre è morto, sei del tutto inutile. Puoi anche andartene perché noi non ti vogliamo. Non ci interessi».

Piansi. Piansi tanto. Ero davvero un ragazzo solo. Me ne resi conto nell'ascoltare quelle poche frasi e piansi.

Ma, dopo le lacrime, mi tornarono alla mente le parole ferme e sicure di mio padre: «Bisogna reagire, rifarsi una vita, alzarsi e lottare».

Fuggii, asciugandomi le lacrime e promettendomi di non piangere più, nel rispetto di papà. Scappai verso la casa di una vecchia zia di mio padre, l'unica persona che sapevo essere in qualche modo legata a me. La mia speranza era che almeno lei volesse tenermi con sé.

A casa di zia la vita non fu semplice. Lei aveva due figlie che andavano a scuola, ma a me studiare e andare a scuola non era concesso. La zia diceva che non valeva la pena che andassi a scuola, perché il mio compito era quello di darmi da fare per procurare il cibo per tutti. Altro che studiare e perdere tempo. Così, tutte le mattine, mi obbligava ad andare in città a vendere qualche frutto per racimolare dei soldi.

Ero molto arrabbiato con lei e anche con le cugine. Capivo che la zia era gelosa, perché a scuola, fin quando potei andarci, ero molto bravo, al contrario delle sue figlie. Per questo mi mandava a vendere la frutta in città, per non vedere la realtà, ossia che io ero più intelligente di loro.

Tornavo a casa il pomeriggio tardi, quando faceva già buio, con qualche soldo e qualcosa da mettere sotto i denti.

Ma dopo un mese così, pieno di rabbia e di odio, pensai che forse era meglio vivere in strada, non tornare più dalla zia e dalle cugine viziate, non avere più legami con nessuno.

Vissi in strada per due anni.

Stavo solo, perché certe compagnie non mi piacevano. I ragazzi di strada si drogano, ma la droga è una cosa molto, molto cattiva. Anche alla Missionary School di Lusaka, che frequentavo quando ero più piccolo, la maestra ci spiegava che la droga non è una cosa buona. Per questo non mi sono mai drogato.

In compenso diventai subito amico dei poliziotti. Erano gentili con me, mi parlavano delle loro avventure, mi davano qualcosa da mangiare e qualcosa con cui vestirmi. Erano simpatici e io stavo simpatico a loro, mi dicevano sempre: «Tu sì che sei un bravo ragazzo, non ti droghi, non bevi e non combini casini».

Dormivo quasi sempre nel giardino dietro l'Hungry Lions, che sta vicino al comando della polizia. Quando vivi in strada dormi un po' dappertutto, dove capita. Qualsiasi posto va bene per passare la notte. L'importante è dormire e vedere la luce al mattino.

In strada i giorni passavano velocemente e ogni tanto andavo anche a messa, in una grande chiesa che sta a Lusaka. Non leggevo più la Bibbia come prima e la mia vocazione a diventare prete scomparve nei due anni di strada. La persi senza rendermene conto.

Quando diventi un ragazzo di strada devi pensare a troppe cose per continuare a tenere dentro te sogni e ideali. Certe cose, insomma, non te le puoi permettere.

La difficoltà maggiore, soprattutto per i bambini di strada più piccoli, è trovare da mangiare. In strada, in fondo, si sopravvive, anche se la vita è difficile e ti mette a dura prova.

I ragazzi di strada non si ammalano quasi mai, perché sono giovani e forti. Ma io ero un privilegiato, perché avevo tanti amici poliziotti che pensavano a me e mi proteggevano. Se mi fossi ammalato, loro mi avrebbero procurato la cura giusta e portato in ospedale.

Ero molto protettivo verso i ragazzini più piccoli che avevano bisogno di me.

Una sera, quando avevo trovato un buon posto dove dormire e stavo per chiudere gli occhi, ho visto un ragazzino che piangeva e tremava di freddo. Mi stava di fronte, in piedi, immobile. Si chiamava Lazaro. Era magro magro e portava solo una canottiera rossa. Aveva un grande bisogno d'aiuto. Gli cercai qualcosa da mangiare e da coprirsi per la notte e dissi a tutti i ragazzi di strada che conoscevo di trattarlo bene, altrimenti l'avrei detto alla polizia.

Spesso Lazaro mi seguiva e mi chiedeva come muoversi per la città e come guadagnare soldi. Dopo qualche mese lo accompagnai al Mthunzi Centre, dov'erano già stati altri ragazzi che conoscevo, e me ne tornai in strada.

Era la prima volta che vedevo il Mthunzi Centre, ne avevo solo sentito parlare. Accompagnai Lazaro perché lui in strada stava proprio male e anche perché ero molto curioso di vedere questo centro per bambini di strada. Da fuori mi piacque molto.

Per qualche giorno pensai al Mthunzi e all'ipotesi di trasferirmi lì. Alla fine decisi di andarci anch'io. Appena arrivato non sapevo stare in gruppo, non sapevo condividere né parlare con gli altri ragazzi. Ormai ero troppo abituato a stare da solo. Quindi me ne tornai in strada.

Dopo pochi giorni però rifeci la strada verso Kasupe. Volevo provarci più seriamente.

Sono qui da molti anni e grazie al Mthunzi Centre sono riuscito a rivedere mia madre. Il giorno in cui lei arrivò qui, al cancello, quasi non la riconobbi. Era da dieci anni che non sapevo nulla di lei. E lei niente di me. Si può dire che non ci conoscessimo per niente. Non è una cosa bella non riconoscere la propria madre o il proprio figlio.

Entrambi eravamo tristi. Non sapevamo che dirci e come salutarci.

Non ho chiesto a mia madre delle mie sorelle. Di loro

non ho più nessuna notizia. Non so che vita fanno né dove vivono.

A pensarci, io e mamma abbiamo parlato molto poco. Non so neanche se le ho chiesto come stava. L'imbarazzo ha vinto sulle mille domande che avevamo in testa.

Sapere che mia madre è viva mi fa sentire meno solo, ma non la sento molto vicina. Dieci anni sono tanti da recuperare.

Al Mthunzi Centre imparai subito a disegnare e la cosa mi divertì molto. Disegnavo paesaggi, ritratti, animali, il viso di padre Kizito e quello di altri educatori.

La strada distrugge i tuoi talenti e le tue predisposizioni. Il mio talento era quello della pittura e la strada me lo aveva rubato. Il brutto è che per strada non ti accorgi che perdi le tue qualità. Solamente quando puoi pensare e stare tranquillo ti torna tutto in mente. Vivendo al Mthunzi Centre sono finalmente tornato me stesso.

Oggi ho diciassette anni e ho potuto riconquistare il mio talento, dedicandomi a vari stili di disegno. Non mi piacciono molto i pastelli e le matite colorate. Preferisco la tempera e la matita grigia, quella semplice, perché vedi bene i contorni delle cose e fai delle sfumature bellissime. Quando vedo un foglio bianco non resisto e mi metto a disegnare. Non importa cosa o come disegni, l'importante è la passione che ci metti.

La mia vera ambizione però è quella di diventare prete, come padre Kizito. Dopo che la strada mi ha portato via la vocazione, il Mthunzi Centre me l'ha fatta riacquistare. Ora sono sicuro al cento per cento. Sento di voler diventare un prete.

Voglio anch'io un altro nome importante, come Kizito, che stimo moltissimo. Kizito mi insegna tante cose che servono per la vita. So già quale sarà il mio nuovo nome, quando sarò prete: Carlo Lwanga. Carlo Lwanga, per chi non lo conosce, è un martire ugandese, di cui ho studiato la vita sui libri di scuola. Mi piacerebbe avere la sua forza e il suo coraggio.

Voglio lavorare per Dio e non per qualcun altro. Voglio lavorare per Dio e non comandare alla gente.

Combatterò per ottenere quello che voglio.

Le parole di mio padre sono parte di me. Seguirò alla lettera il suo insegnamento: «Non piangere e lotta».

Non piangerò e lotterò. Mio padre sarà fiero di me.

Vorrei essere come mia nonna

Vorrei essere come mia nonna. Una donna forte, indipendente e piena d'amore.

Senza tante regole, senza costringermi a niente, mia nonna mi ha insegnato molto. Semplicemente vivendo, mi ha insegnato a fare qualcosa per gli altri.

Mia nonna è la tipica donna emiliana, viscerale, una donna da «un pugno e una carezza» come diceva mio nonno, suo marito, circondata da persone che la stimano e che sanno che su di lei si può sempre contare. È di Modena e dall'Emilia ha preso tutto il calore e la tenacia.

La prima volta che sono andata in Africa con Amani, nell'agosto del 1999, nonna si è preoccupata moltissimo, ma poi si è innamorata dei bambini africani che le mostravo in foto. Dai suoi occhi vispi ho capito che, se fosse stata in me, anche lei sarebbe partita per fare «qualcosa».

Ho trent'anni e sono figlia di una felice coppia di professori di sinistra. Mia madre è modenese e insegnava italiano, storia e geografia alle scuole medie, ma è in pensione da due anni. Mio padre è di Padova, dove sono nata e vissuta, ed è un docente di chimica all'università di Venezia. A casa si è sempre respirata aria di cultura. La casa dei miei è una libreria, sconfinata e variegata. Piena anche di dischi.

Fin da bambina, nei viaggi estivi, in macchina si ascoltavano De Andrè, Piazzolla, Guccini, Gaber, la musica classica e quella spagnola. Fu così che io e mio fratello Andrea, che ha cinque anni più di me, ci innamorammo presto della musica.

Mio padre suonava il pianoforte, un antico pianoforte che

apparteneva a suo padre, che quasi non conobbi, perché morì quando avevo pochi anni. Credo che nonno Aladino fosse un uomo da conoscere, anche lui molto forte, un lottatore.

Mentre mio fratello strimpellava il piano e fondava band musicali con gli amici del liceo, io facevo finta di muovere le dita come un virtuoso pianista sul tavolo della cucina. Così i miei mi iscrissero a un corso di pianoforte, ma poi preferii lo sport e dal nuoto e dalla ginnastica ritmica mi buttai a capofitto nella pallavolo, che fu una mia grandissima passione fino alla fine del liceo. È lo sport che mi ha insegnato a lavorare in squadra, a stare attenta ai bisogni e alle debolezze degli altri. Lo sport mi fa sentire libera.

Quando ero bambina il giorno più bello della settimana era il sabato perché io e papà stavamo tutta la mattina insieme, mentre mamma e Andrea erano a scuola. Andavamo nelle piazze a fare la spesa e poi, di ritorno a casa, lui doveva sottostare ai miei dettami: il primo era cucinare la pasta col formaggio e le noci, il secondo era di lasciarmi mettere quel trentatré giri di flauto andino che mi piaceva tanto, quello con la copertina azzurra e il profilo arancione di un indio.

Mio padre durante la settimana stava via tutto il giorno e mia mamma tutta la mattina, così da noi c'era una signora che faceva le pulizie e preparava il pranzo per me e mio fratello. Le volevo così bene e l'ammiravo tanto che da bambina dicevo che da grande avrei fatto la donna delle pulizie. Passata la fase della massaia, sarei voluta diventare un'impacchettatrice, se mai è esistito un lavoro simile: perciò incartavo tutto quello che mi capitava sotto mano, rendendo la vita impossibile a mia madre. Libri, melanzane, penne e tazzine finivano dentro pacchetti confezionati e poi nascosti nei bauli, ritrovati dalla mamma giorni e giorni dopo.

Poi arrivò la fase della maestra: mettevo le bambole di pezza in fila davanti all'armadio per interrogarle e inventavo titoli di temi da svolgere.

A scuola ero brava, sapevo leggere e scrivere bene. Niente di innato, credo, il merito era dei tantissimi libri che leggevo. Più erano voluminosi e più mi piacevano e, d'estate, quando partivo con i miei per il mese di vacanza in campeggio mi riempivo un sacchetto di libri ed ero felice.

Ma ingorda di pagine li finivo presto, così come i compiti per le vacanze. Allora mi mettevo a fare le parole crociate, quelle facili, per imitare mio nonno, che mi aveva insegnato a contare con le carte da briscola e che mi sfidava sempre in agguerrite partite a scopa. Mi è sempre piaciuto studiare e se oggi qualcuno mi pagasse per studiare tutta la vita accetterei subito.

Ero una bambina timida, timidissima. Arrossivo sempre se qualcuno mi rivolgeva la parola o se dovevo parlare davanti a qualche sconosciuto; parlavo poco e osservavo tanto. Anche oggi tendo ad arrossire, nonostante io svolga un lavoro che richiede una gran faccia tosta.

Guardare cosa fanno le persone, ascoltare cosa dicono, mettersi in un angolo e godersi lo spettacolo da lontano è sempre stata una mia prerogativa. Forse è per questo che mi piace molto la montagna, perché sta zitta come me. In montagna c'è un silenzio che richiama la pace, la vita lenta, proprio come il mondo subacqueo. Se ti metti maschera e pinne e scendi sott'acqua tutto è quieto, ovattato, pacifico, come me.

Questa mia apparente serenità è stata sfruttata da molti. Alle elementari e alle medie i maestri mi affibbiavano sempre qualche ragazzino un po' troppo vivace o molesto come compagno di banco e di compiti; alle superiori e all'università i compagni di studi mi volevano al loro fianco durante gli esami. Dicevano che rasserenavo gli animi. Una specie di camomilla vivente, insomma.

Sotto questo sorriso pacifico e sereno, tuttavia, ho un'anima inquieta, che facilmente cade in depressione e si rattrista. Cerco di non darlo a vedere, perché non mi piace essere al centro dell'attenzione. I miei poveri genitori, che conoscono bene me e la mia volubilità, sanno che se mi sveglio con la luna storta c'è da starmi alla larga.

Quando sono triste scrivo. Non so se allevia o fa solo aumentare la mia tristezza, cullandomi nella malinconia, ma mi fa stare meglio.

Con la mia famiglia ho sempre viaggiato molto. In montagna, per sciare, raccogliere funghi e frutti di bosco; al mare, per le vacanze estive col nonno; nei bianchi paesi del Meridione; nelle città d'arte del Centro Italia. E poi con mio padre, quando iniziai a seguirlo nei suoi congressi in giro per il mondo: Messico, Argentina, Spagna.

In Messico vidi per la prima volta la povertà più tetra, lo squallore e la cattiveria: da un lato della strada la ricca signora con collane d'oro scendeva da una limousine; dall'altro lato la donna emaciata rantolava per terra soffocando fame e dolore. A Città del Messico vidi un'enorme discarica fumante, sulla quale miriadi di bambini a piedi nudi spulciavano alla ricerca di qualcosa da addentare. Mi si contorse lo stomaco e sentii un impulso forte, una voglia di muovermi e fare qualcosa. Appena partii per l'Africa avevo nella mente quell'immagine.

Quando vidi veramente la discarica di Korogocho, a Nairobi, fumante e gremita di uccelli, mi risalì, come una *petite madeleine*, il gusto amaro del Messico.

Lo spirito del viaggio è parte di me e quando sto troppo tempo nella stessa città sento che voglio andare, uscire dai ranghi, partire, liberarmi. Non è importante la meta ma il viaggio in sé, l'emozione che lo precede e il ricordo un po' triste che lo segue.

Viaggiare mi rende libera. Nella vita odio le costrizioni e le forzature. Libertà e indipendenza sono per me dei valori fondamentali, troppo spesso violati.

Con gli amici del liceo scientifico, alcuni dei quali sono ancora tra i migliori amici che possiedo, avevamo una piccola «banda» e facevamo le vacanze insieme. Ci chiamavamo gli «Sturm und Drang», innamorati del romanticismo e dell'emozione forte. Con loro ho trascorso alcuni dei momenti più belli della mia vita, i più spensierati: l'estate della maturità, la voglia di diventare grandi e, allo stesso tempo, di restare piccoli.

Gli amori che ti sembrano unici e immortali, le amicizie fraterne e cameratesche, i primi dolori e le risate spensierate: tutto questo è stata la mia adolescenza.

Continuavo a essere considerata una ragazza buona, gentile e disponibile ad aiutare tutti. Cose che, fortunatamente, ancora oggi mi sono riconosciute. Gli amici, per me, sono ancora un'inesauribile fonte di benessere. Alcuni li ho persi per strada, altri mi sono più vicini che mai. Per gli amici avrei fatto qualsiasi cosa e la taverna di casa mia diventò una specie di *saloon*, dove transitava un viavai di amici a qualsiasi ora del giorno e della notte per due chiacchiere, un pianto, un pomeriggio di studio e uno di confidenze.

Gli ultimi anni del liceo iniziai ad andare male in matematica e in fisica. Eppure volevo iscrivermi a Scienze forestali o a Scienze naturali, volevo lavorare con la natura, anzi, meglio, dentro la natura. Mi sono sempre lasciata affascinare e travolgere dalla forza che ha la natura, nonostante da piccola avessi un'inspiegabile paura del vento. Mamma ricorda che appena tirava vento correvo in terrazza e portavo tutto dentro casa, con gli occhi sbarrati dal terrore. Anche oggi il vento non mi piace, ma per questioni più personali: mi fa venire un mal di testa terribile.

Arrivata alla quinta superiore capii che una facoltà scientifica non poteva fare per me: ormai odiavo la matematica. Allora pensai che bisognava puntare sulle facoltà umanistiche. In italiano prendevo voti abbastanza alti, scrivere mi piaceva e la fantasia non mi mancava. Così la scelta ricadde su Lettere.

Iniziai a scrivere poesie a sedici anni. Cose illeggibili, oggi, su temi discutibili come gli idoli musicali.

Ho continuato a scrivere poesie, ne ho una corposa raccolta, ma non mi è mai piaciuto farle leggere. Temo di sembrare terribilmente *naïf*. Dentro di me vive quest'anima infantile, innocente, quasi ingenua, che fa a botte, almeno apparentemente, con la mia mente contorta e complessa.

L'Africa ha il potere di risvegliare e far apparire in tutta la sua forza questo mio lato bambino.

In quarta liceo un amico mi ha regalato un diario e ho iniziato a scriverci ogni giorno. Poi ce n'è stato un altro e un altro ancora. Col passare del tempo, però, il diario mi è apparso troppo arido, così gli ho preferito un amico di penna, un ragazzo di Cesena col quale corrispondo da dieci anni. Siamo coetanei e di persona ci siamo visti solo tre volte. Con spirito *demodé* ci scriviamo ancora a penna, spedendo una lettera ogni due settimane e aprendoci il cuore sulle nostre vite.

L'università mi è piaciuta molto. Ho frequentato assiduamente, anche corsi per i quali poi non davo l'esame. Padova è una città vivace, ricca di cultura, stimolante, e la facoltà di Lettere è uno dei centri nevralgici del movimento culturale studentesco.

Da appassionata di cinema e affascinata dalle lezioni del professore col quale mi sono laureata, ho deciso di seguire il *curriculum* delle arti visive e dello spettacolo. Un mondo nuovo mi si apriva.

Il cinema mi fa stare bene anche quando tutto va storto. Più o meno tre volte a settimana andavo al cineforum, a vedere pellicole antiche, mai passate di moda, film in bianco e nero, storie vere e storie per sognare. Sono di gusti difficili, molto selettivi, ma il cineforum serve proprio ad accontentare persone esigenti come me.

Quando mi capitò di vedere alcuni film africani, durante il festival del cinema africano in una piccola sala d'essai, rimasi turbata. La dolcezza di *Yaaba* e la durezza di *Tilai*, due pellicole di Idrissa Ouedraogo, mi colpirono per la loro naturalezza, per la voglia di far vedere la quotidianità, la spontaneità, senza tanti effetti speciali.

Mi sentivo attratta dalla forza, dai colori e dal silenzio immobile dell'Africa, ma allo stesso tempo sentivo di essere una «occidentale», di aver bisogno di stimoli moderni, di movimento.

Nell'estate del 1997 accadde qualcosa che mi sconvolse la vita. Morì una mia amica d'infanzia, una di quelle persone che immagini saranno sempre lì, nella casa accanto alla tua, pronte a giocare a palla con te anche a trent'anni suonati. Fu un colpo durissimo perché non morì semplicemente ma venne uccisa, in modo barbaro e brutale.

Tutti ne parlavano. Io rabbrividivo non appena sentivo nominare il suo nome dai media. Non volevo vedere la televisione e leggere i giornali, mi chiusi nel mio dolore e capovolsi i miei valori. A cosa dare importanza?

La morte di Diana mi segnò. Lei era una ragazza generosa, la sua bontà e la sua ingenuità a volte mi imbarazzavano. Ma la sua scomparsa mi fece nascere dentro una rabbia grandissima: con che diritto un uomo distrugge i sogni di un altro uomo? Con che diritto un uomo decide che oggi per te è finita? Non posso sopportare la guerra, le armi, non posso perdonare chi ha ucciso Diana.

La rabbia ti fa spostare, ti fa correre, ti fa andare. È grazie alla rabbia che pensi che sia il caso di muoverti, di fare qualcosa per cambiare questo mondo. Se stiamo tutti fermi non cambierà mai nulla.

Con Diana avrei tanto voluto partire per l'Africa. Ancora oggi questo è un mio grande rammarico.

Era la fine della primavera del 1999 quando mi avvicinai molto a una nuova amica. Valentina era la sorella gemella di una delle mie più care amiche e studiava Ingegneria ambientale. Sia io che lei dovevamo studiare per la sessione estiva degli esami, mentre gli altri amici erano già in vacanza, così le proposi di passare una settimana nella casa in montagna di mia nonna, al fresco, in pace, senza troppe distrazioni.

Dopo alcune sere passate a studiare e a bere tè caldo, lei mi raccontò del viaggio che stava per intraprendere. Sarebbe partita ad agosto con Amani per un campo di conoscenza con i bambini di strada a Nairobi. Già un'associazione con un nome che significa «pace» è qualcosa che mi attrae inevitabilmente. E poi Amani è un'associazione laica, il che mi piaceva molto. Non sono mai stata legata al mondo religioso e ai gruppi parrocchiali e so che è difficile partire per fare volontariato tenendosi lontani dalle missioni.

Non so se Valentina mi parlò con tanto entusiasmo da incantarmi o se io fossi già potenzialmente innamorata dell'Africa, fatto sta che le chiesi se potevo unirmi al gruppo.

Parlai con Gian Marco, il presidente di Amani, e mi presentai a Bologna, all'incontro dei futuri campisti, sperando di fare una buona impressione e di poter partire con loro. Mi piacquero subito.

Erano ragazzi con una marcia in più. C'erano il timido e il mattacchione, la ragazza dolce e quella caotica, l'intellettuale e il ragazzo semplice, ma tra personalità tanto diverse tra loro c'era una cosa che accomunava tutti: la voglia di fare, di vivere qualcosa di grande, di aprire gli occhi e le orecchie a un mondo nuovo. Curiosità mista a generosità.

Avevo anch'io una grande voglia di dare, di darmi.

Stavo bene, in quel periodo, ero molto felice. E avevo voglia di trasmettere la mia energia, la mia felicità anche a chi forse non aveva tanti buoni motivi per essere contento.

Fu così che nel giro di un mese mi bombardai di vaccinazioni e, lasciando i miei quasi a bocca aperta, all'età di ventiquattro anni partii per il Kenya.

Quando torni dall'Africa sei una persona in bilico. Non sai da che parte stare, cammini su un filo, rischiando di cadere nella malinconia e nella rabbia più profonda perché hai lasciato una vita così pura, così viva, così intensa, che quella in Italia ti sembra «puzzi di morto», come dicono gli africani del nostro odore senza odore. E sei anche arrabbiato con tutti, perché qui si spreca l'acqua, si buttano via i resti del piatto e i vestiti non più di moda. Ci vuole del tempo per tornare in se stessi e accettare nuovamente la nostra società.

Vivere con i miei mi ha aiutato molto, perché fin da quando eravamo bambini hanno insegnato a me e a mio fratello a fare attenzione agli sprechi, a spegnere la luce, a chiudere il rubinetto, a vivere con semplicità.

Ma la lotta che già prima si portava avanti, magari facendo volontariato in Italia, con i barboni o con gli extracomunitari, magari boicottando alcuni prodotti e seguendo i principi del commercio equo e solidale, magari semplicemente facendo attenzione a non sprecare i beni preziosi che la natura ci dona, quella lotta, una volta tornati dal continente più povero del mondo, diventa una costante della tua vita. E dall'Africa non riesci più a divorziare. Ti ci sei sposato, la ami, te la porti al dito e non puoi fare a meno di ritornare periodicamente da lei.

Così iniziai a tornarci, cambiando Stato, passando allo Zambia, senza cambiare associazione con cui partire perché io e Amani abbiamo gli stessi, rigorosi principi. Sono un'estremista, o vedo bianco o vedo nero, per me le cose o sono pulite o sono sporche.

Quando qualcuno mi chiede: «Bene, sei andata in Africa, ma cosa hai cambiato?», mi infurio. Non ho cambiato niente, maledizione, non ho cambiato niente e non volevo cambiare niente. Ma ho imparato tanto, così tanto come non avevo mai imparato.

Forse è una cosa difficile da capire, forse certe persone giustificano il loro disimpegno con la sicurezza che «tanto non serve a niente». Con quelle persone non ho voglia di discutere. Tendenzialmente sono una persona riservata e qualcuno scherzosamente mi chiama «tartaruga». Ho una corazza da abbattere prima di farmi vedere.

I nuovi viaggi in Zambia furono col mio nuovo fidanzato, che è l'uomo con cui vivo e che ho conosciuto proprio attraverso l'Africa. Come primo regalo lui mi donò un martello e una scatola di colori: mi disse che servivano ad abbattere i miei muri, la mia corazza, e a colorare le mie tristezze. Non potevo non innamorarmi.

Fu per amore che, finita l'università, mi trasferii a Senigallia per vivere con lui e iniziai a lavorare come giornalista. Passai un periodo duro perché non è facile cambiare città, amici, lavoro, tutti in un colpo solo. Per fortuna lavorare come giornalista mi fece inserire presto nella realtà della città che mi accoglieva, facendomela vivere dal di dentro e non da semplice spettatrice.

Quello del giornalista è un lavoro bello, che ti fa stare sempre aggiornato, che ti fa imparare a capire e a conoscere, tenendo sempre alto il tuo livello di curiosità e di spirito d'osservazione. Ma la mia volubilità e la mia passione per la scrittura mi hanno portato altrove e dopo un master per redattori editoriali oggi quello che voglio è lavorare nell'editoria.

Ho ancora tanti sogni da realizzare.

Lavorare in una casa editrice, viaggiare per il mondo, essere circondata in eterno da amici veri, leggere migliaia di libri ed emozionarmi con un mare di film, fare qualcosa per gli altri, vivere davanti al mare, vedere che la pace nel mondo è una possibilità e non un'utopia, sapere che i piccoli africani non muoiono più di fame e di mancanza d'amore, distruggere quel mostro che è la censura, per ottenere la libertà di parola e di espressione in tutti i paesi del mondo, non sentire più parlare di violenze e soprusi contro i più deboli. E poi, ovviamente, diventare come mia nonna.

Forte, leale, generosa.

La mia vita è piena di domande

La mia vita è piena di domande. Domande senza risposta, interrogativi che mi resteranno dentro per sempre, senza avere soluzione.

Di una cosa, una cosa sola, però, fui davvero certo. A sette anni capii che dovevo andarmene di casa.

La casa non era la mia ma quella di mia zia. Mi ritrovai a vivere da lei a tre anni. Io e mio fratello, di un anno più piccolo di me, dovemmo trasferirci in Zambia, lasciando la casa dei nostri genitori in Congo.

Sono originario del Congo e oggi ho quattordici anni.

In quattordici anni ho vissuto molte cose, molte cose brutte.

Mio padre era un falegname, mia madre vendeva la frutta al mercato. Avevano tre figli maschi. Io ero il secondo.

In Congo vivevamo assieme alla madre di mia madre, una donna anziana e silenziosa. Papà si ammalò di colpo e nel giro di un solo mese morì. Lo portarono in ospedale, ma nessuno poté salvarlo. Morì e io non so nemmeno di quale malattia. Avevo solo tre anni. A quell'età hai solo gli occhi per constatare le cose e non hai una bocca per fare domande né una testa abbastanza veloce per capire cosa sta succedendo. Ricordo solo il corpo senza vita di papà.

Com'era mio padre? Non lo so. Non ricordo i tratti del suo viso né la sua voce.

Io e il mio fratello minore, alla morte di papà, fummo mandati dallo zio a Twapia, in Zambia. Anche questo zio era un falegname e aveva una famiglia, una moglie e tre figli. Era un uomo buono. Trattava me e mio fratello come dei figli. Lavorava e guadagnava, per portarci a casa cibo e soldi.

Mia zia ci preparava da mangiare ed era una donna in gamba. Le volevo bene. Per me era come una mamma, visto che della mia non sapevo nulla.

Mia madre ci consegnò agli zii e non si fece più vedere. Non so il perché. Ma anche mia zia si ammalò e dopo due giorni di malattia fulminante morì. Da quel giorno cambiò tutto.

Lo zio diventò cattivo. Era diverso, non aveva più un atteggiamento da padre verso me e mio fratello. Ci trattava male, mi faceva fare i lavori più pesanti. Io pulivo, lavavo, cucinavo, ma lui mi maltrattava. Quando tornava a casa dal lavoro pretendeva che tutto fosse in ordine e che la cena fosse pronta. Ma non era facile fare tutti i lavori di casa, per me che non avevo imparato da nessuno come fare.

Appena metteva piede in casa urlava e mi picchiava. Poi picchiava mio fratello. Ogni sera. Ogni maledetta sera.

I miei cugini invece non venivano mai picchiati. Loro erano i suoi figli. Noi no.

Mio fratello iniziava a non farcela più. Non sopportava più le botte di ogni sera e aveva male dappertutto. Mi diceva: «Ti prego, andiamo via. Ti prego, scappiamo di qui». Ma io dicevo sempre di no, perché non sapevo dove andare e dentro di me, forse, speravo che lo zio smettesse di comportarsi così con noi.

Perché una persona picchia un'altra persona? Perché? Non c'è risposta, non la conosco.

Lo zio cominciò a legarci le mani con delle corde o dei fili di ferro. Ci legava alle sedie, così io e mio fratello non mangiavamo e non potevamo muoverci. Poi ci tirava delle sberle. E noi non potevamo scappare dalle sue mani. Mani grandi che facevano male.

Mio fratello era sempre più disperato e voleva andarsene.

Una sera, come al solito, lo zio ci legò i polsi a una sedia e mio fratello cercò di liberarsi. Nel muoversi si ferì alla mano e gli uscì molto sangue. Quella vista mi fece male, come fosse il mio stesso polso a sanguinare.

Decisi che non potevamo più stare lì. Non avrei mai più voluto vedere mio fratello legato e pieno di sangue. Non l'avrei permesso.

Ma non feci in tempo a liberare dalle corde mio fratello che lui scappò fuori casa. Pensavo tornasse, invece non tornò mai più. Aveva raggiunto il limite del dolore.

Lo aspettai tutta la notte e lui non tornò.

Il giorno dopo restai a pulire la casa di zio, sperando che prima o poi la porta si aprisse, ma non si apriva mai. Mio fratello non mi aveva detto niente. Mi sentivo solo e in colpa.

Avrei dovuto organizzare la nostra fuga molto prima, prima che lui si ferisse. Prima che scappasse per sempre.

Decisi di andarmene anch'io. L'avrei cercato in giro per le strade di Twapia. Non poteva essere andato lontano. Era piccolo e solo.

Uscii dalla casa di mio zio, mentre lui era al lavoro, e andai al mercato. Rimasi una settimana da solo, cercando disperatamente mio fratello. Ma di lui nessuna traccia. Chiedevo ai ragazzi di strada, alle persone. Sembrava che nessuno l'avesse visto.

Dormivo nel magazzino di un negozio. Era pieno di zanzare e avevo una paura folle di essere scoperto. Non dormivo bene, stavo sempre all'erta. Tutte le mattine mi svegliavo alle sei, perché alle sette arrivava la gente e non potevo farmi vedere, tanto più che ero solo e nessuno mi avrebbe protetto in caso di pericolo.

Per mangiare facevo qualche lavoretto al mercato, aiutavo la gente della città a portare i sacchetti carichi di spesa. Guadagnavo poco e mangiavo poco.

Dopo una settimana decisi di partire per Ndola. Magari mio fratello era andato lì. Sapevo che a Ndola c'erano altri ragazzi di strada. Sono partito a piedi e in due ore sono arrivato in città.

Come pensavo trovai altri ragazzi, che diventarono subito

miei amici. Conobbi Mutale, il capo di una banda di ragazzi di strada, che mi fece dormire da un suo amico.

Ho vissuto per le strade di Ndola per un mese intero.

Mi mancava mio fratello. «Dov'è», mi chiedevo, «dov'è il mio piccolo fratello?».

Mi stancai presto di Ndola e delle inutili ricerche e partii per Kitwe in treno. Non avevo i soldi per il biglietto e salii senza. Mi nascosi sotto il sedile di un vagone, ma il controllore mi vide e mi ordinò di scendere. Io non volevo scendere, allora il controllore cercò di acciuffarmi per picchiarmi. Preso dalla paura saltai di corsa dalla porta del treno che, per fortuna, stava rallentando. Mi feci un po' male, ma niente di grave.

Ero in un posto isolato. Attorno a me solo savana. Non sapevo come fare a tornare a casa. Viaggiavo già da molto tempo e Ndola era sicuramente lontana. Non sapevo assolutamente dov'ero.

Dio volle che in quel momento passasse un signore con la sua famiglia, che mi chiese: «Dove vai tutto solo? Sei piccolo! Vuoi venire da me?». Ci andai subito. Mi dava fiducia. Rimasi due giorni a casa sua, poi lui mi accompagnò dalla polizia perché mi aiutasse in qualche modo. Alla polizia dissero che non potevano farci niente, che dappertutto era pieno di bambini di strada e che non potevano aiutarli tutti.

Il signore prese a cuore la mia storia e scrisse una lettera a un autista di autobus perché mi portasse a casa. Fu grazie a lui se venni riaccompagnato a Ndola. Pagò il biglietto per me e mi salutò. Fu davvero un uomo buonissimo.

Tornato a Ndola mi sentivo fuori luogo e pieno di dubbi. Non volevo stare lì. E poi mio fratello non c'era. Quelle strade mi avevano stancato.

Molti ragazzi raccontavano che la vita di Lusaka era molto più bella. Li ascoltavo e mi convincevo che la cosa migliore era prendere un treno e andare nella capitale.

Salii sul treno di notte, da solo, e mi chiusi a chiave nel bagno, per non essere preso. Avevo imparato che dovevo nascondermi, per tutta la durata del viaggio, per non essere scoperto e buttato giù dal treno. Il tempo sembrava non passare mai, chiuso dentro quel bagno.

Arrivato a Lusaka ho dormito in stazione, per poche ore. Non sapevo dove altro andare.

Passai la mattina a Lusaka, in giro per le strade. Mi serviva a conoscere la città e a sapermi muovere bene anche di notte.

Dopo due giorni mi ammalai. Avevo la febbre, sentivo male dappertutto, dentro le ossa. Non c'era acqua, non c'era cibo. Stavo male. La gola mi bruciava.

Rimasi sdraiato per tre giorni, sperando di non morire. Dormivo sotto i portici, così sentivo meno freddo. E mi coprivo coi cartoni trovati per strada.

Appena riuscii ad alzarmi, andai al centro di prima accoglienza per ragazzi di strada della città. Stare lì era come vivere in strada, non c'era nessuna differenza. Non c'erano letti e i ragazzi erano tanti, ma almeno non dovevi affannarti a trovare cibo. Lì si mangiava. Ecco la differenza con la strada.

A Lusaka appartenevo a una piccola banda. Eravamo in cinque. Si mangiava e ci si svegliava sempre insieme. Stare insieme e vicini è fondamentale per difendersi.

Furono loro, i miei nuovi amici della strada, a insegnarmi a fumare e a sniffare colla. Compravamo le sigarette e anche la *dagga*. A volte la colla, ma mai la birra.

La colla costa tanto e ti rende confuso. Se la sniffi non ti rendi conto di cosa fai, di cosa dici, di dove vai e di come ti muovi. Hai le vertigini e la testa ti gira. Quando sniffi colla potresti fare qualsiasi cosa. Tanto non te la ricordi. È come non essere coscienti di se stessi e dei propri gesti.

Se ti addormenti subito dopo aver sniffato la colla ti svegli il giorno dopo, ed è un bene, così non senti fame né freddo, ma se sniffi di giorno è un pericolo, perché non ti rendi conto che le macchine ti vengono addosso. E se ti colpiscono fanno male.

Continuai ad andare a mangiare al centro di prima accoglienza per due mesi. Poi arrivò la moglie del presidente Chiluba. Ce la presentarono e ci dissero che era venuta a «salvarci».

Una decina di noi, tra cui anch'io, vennero scelti e ci portarono a Garden, in un altro centro dove la moglie del Presidente si prendeva cura di noi. Veniva di persona e ci salutava, ci dava cibo e caramelle. Dentro il centro c'era una scuola, che poteva frequentare solo chi viveva lì.

Un giorno però la signora Chiluba non si presentò. Era molto strano, perché veniva a farci visita tutti i giorni, al mattino e al pomeriggio. Quel giorno non l'abbiamo vista. Non abbiamo mangiato ma abbiamo dormito lo stesso lì. In attesa che lei tornasse.

Passavano i giorni e non si vedeva cibo né la signora Chiluba.

Non saprò mai perché ci lasciarono così, senza scacciarci ma senza neanche spiegare come stavano le cose.

Siccome non si mangiava più, di giorno uscivo dal centro per cercare qualcosa.

Una volta andai per la strada e un signore mi regalò una giacca pesante. Iniziava a fare freddo e la presi tutto felice. Frugai dentro le tasche della giacca e vi trovai dei soldi. Fantastico! Erano dieci dollari. Un sacco di soldi.

Andai subito in un negozio per comprarmi da mangiare, ma il commesso li rifiutò mandandomi via in malo modo. Tentai con un altro negozio e mi scacciarono di nuovo. Non capivo. Erano dieci dollari! Perché nessuno li voleva?

Fermai una signora per la strada e le chiesi perché, secondo lei, questi soldi non li voleva nessuno. Mi disse che erano dollari canadesi. «E quanto valgono dieci dollari canadesi?», chiesi io. «Circa 20.000 *kwacha*», mi rispose. Cosa fare? 20.000 *kwacha* sono una bella somma, ma erano soldi inutili se nessuno li voleva. Che tristezza, quei soldi non servivano a niente.

La signora si fece impietosire e mi propose di cambiarmeli. Volevo abbracciarla dalla felicità. Lei mi diede i *kwacha*, io i dollari canadesi.

Dovevo solo stare zitto e non far sapere a nessuno dei ragazzi del centro che avevo con me 20.000 *kwacha*.

Zitto zitto sono tornato a Garden, al centro. Alcuni ragazzi mi guardavano strano. Io facevo finta di niente. Non dovevo farmi scoprire.

A un certo punto arrivò da me un educatore, mi prese e mi picchiò. Sicuramente qualcuno gli aveva detto che avevo 20.000 *kwacha*. Qualcuno aveva svelato il mio segreto.

Dopo quelle botte ho avuto sempre paura che mi picchiassero ancora. Non pensavo che quegli educatori potessero picchiarmi, invece l'avevano fatto. Ci sono rimasto molto male. E per la paura sono scappato.

Tornai a vivere per strada, a Lusaka. Si stava molto male. Nessuno mi dava elemosine.

La vita di strada è molto dura e pericolosa. Puoi non mangiare per giorni e giorni, o ancora peggio, venire coinvolto in situazioni molto, molto pericolose. Tra tutte non potrò mai dimenticarne una. Fu un momento terribile. Un ricordo che ancora oggi mi fa venire i brividi.

Dormivo, con gli altri miei quattro amici, nei corridoi di un supermercato. Entrò la polizia e iniziò a sparare. C'erano dei ladri che correvano. La polizia stava dietro ai ladri, sparando raffiche di colpi alla rinfusa. Noi ci siamo svegliati col rumore degli spari. Ci siamo tutti alzati da terra, sorpresi dai colpi. Uno di questi colpi è arrivato dritto dritto nel petto dell'amico che stava vicino a me. Pum.

Uno sparo. Un solo attimo sbagliato, una coincidenza, e John aveva un proiettile in corpo.

È caduto a terra con un tonfo. Ero paralizzato dalla paura. Lo guardavo, adagiato immobile sul pavimento.

Gli altri, già in piedi, mi hanno detto: «Muoviti, muoviti, corriamo via». Non so con che forze mi sono alzato e ho corso, corso, corso, verso l'uscita. Con in mente gli occhi di John che si chiudevano, come si fosse addormentato di nuovo.

Non riuscivo a togliermelo dalla testa.

Non so se John sia morto o no. Io sono dovuto scappare. Dovevo farlo.

Appena fuori dal supermercato ho sbirciato cosa accadeva e ho visto la polizia che lo portava in braccio verso l'ospedale, pieno di sangue.

Questo fatto mi tormentava. John era ancora vivo o no? Si era salvato? L'avrei rivisto? Stavo male. Non volevo più vivere a Lusaka.

Dopo due bruttissime settimane stavo pensando come e quando andare a Soweto, per cambiare vita e dimenticare quell'orribile fatto. Proprio mentre progettavo il viaggio incontrai Joseph per la strada, che mi venne vicino e mi spiegò del Mthunzi Centre. Con un po' di diffidenza accettai di andare con lui.

Pensavo che il Mthunzi Centre fosse come tutti gli altri centri, dove prima o poi ti abbandonano a te stesso. Invece no. È da quattro anni che sono qui. E sto proprio bene.

Il mio sogno sarebbe quello di avere con me mio fratello. Di poter dormire nella stessa stanza, di parlare con lui. L'ho cercato tanto, in tutte le città dove sono stato.

In strada cercavo di sopravvivere e di badare a me, ma sempre con un pensiero rivolto a lui. Tentavo di vedere il suo volto in quello degli altri ragazzi di strada, di ricordare la sua voce e di sentirla per strada. Niente da fare.

Quella sera a casa di zio, quando si ferì ai polsi con i fili di ferro, era troppo tardi. Avrei dovuto portarlo via con me molto prima. Aveva sei anni. Oggi ne ha tredici. Posso solo pregare che stia bene. E sperare di poterlo riabbracciare, prima o poi.

Ora è tardi per tornare indietro. Spero che sia vivo e che qualcuno si prenda cura di lui, come è successo a me.

Sono mille le domande che girano attorno a mio fratello e alla mia vita. Tutte senza risposta, tutte che cadono nel vuoto.

Chi mi dirà cosa fa oggi il mio caro fratellino?

Chi mi dirà per quale motivo mamma non ci tenne con sé?

E chi saprà dirmi se John è vivo o morto?
E chi perché zio mi picchiava?
E perché papà morì?
Chi?

«Questo bambino legge troppo»

«Questo bambino legge troppo». Mia madre preoccupata diceva sempre così a don Spirito Colombo, uno dei preti della parrocchia di Lecco dove abitavo.

Leggevo tanto, è vero, ma per fortuna c'era don Spirito a rassicurare mia madre. Le diceva che non c'era niente di male, nemmeno quando in quarta elementare mi appassionavo ai *Promessi Sposi*.

Sono nato il 18 agosto del '43 mentre la città di Lecco veniva bombardata. Papà faceva il venditore di giornali in un'edicola-libreria e mamma lo aiutava, perché il negozio stava aperto ininterrottamente dalla mattina presto fino alla sera. Ho molti fratelli e sorelle, due più grandi e due più piccoli. Siamo nati tutti a cinque anni di distanza l'uno dall'altro, in casa, come si usava una volta. Avevamo una zia levatrice che aiutò mia madre negli svariati parti. Tra fratelli siamo molto legati, anche se c'è una bella differenza d'età tra i primi e gli ultimi.

I ricordi più lontani della mia infanzia risalgono alla prima elementare.

Appena uscivo da scuola andavo a piedi al negozio dei miei, perché casa mia era troppo lontana. Restavo in negozio per ore aspettando che mamma finisse il suo turno in edicola e che mi prendesse per mano per tornare a casa.

Nel frattempo leggevo. Ricordo benissimo quei libri della Bur con la copertina grigia: ogni sezione costava 60 lire, erano grossi e quando ne vedevo uno nuovo mi brillavano gli occhi. I miei preferiti erano gli scrittori russi.

Nel negozio c'erano dei grandi scaffali vuoti, dove al mattino di buon'ora si appoggiavano i giornali in arrivo. Io mi infilavo dentro uno di quegli scaffali liberi, al posto dei giornali, mi raggomitolavo e leggevo. Qualche cliente non si accorgeva nemmeno della mia presenza.

Lì dentro stavo bene, mi sentivo protetto e potevo leggere con tranquillità.

Continuai a dedicarmi con foga alla lettura anche alle scuole medie, ma se c'era una cosa che non mi piaceva per niente era il latino. Così quando dovetti scegliere in che scuola superiore iscrivermi decisi per il perito meccanico. L'istituto stava a Lecco e potevo andarci a piedi senza problemi. In verità, avrei preferito prendere l'indirizzo elettronico, ma c'era solo a Bergamo ed era chiaro che i miei preferivano che restassi vicino, perché costava meno.

Oltre a frequentare la scuola aiutavo sempre i miei genitori nel negozio. Avevo i miei compiti predefiniti: di pomeriggio ritiravo i giornali che uscivano con l'edizione pomeridiana, che era un'aggiunta a quella del mattino, e di sera aiutavo a preparare la resa dei giornali. Infine sbaraccavo l'esposizione esterna.

L'anno in cui frequentavo la terza elementare, con grandi sacrifici papà comprò la casa sopra il negozio. A fine giornata salivo in casa. Di solito ero stanco, perché la scuola superiore era molto impegnativa e si studiava quattro ore al mattino e quattro al pomeriggio. Da allora ho imparato a rispettare chi lavora onestamente e duramente.

Mentre frequentavo il primo anno di perito meccanico la Moto Guzzi aveva messo a disposizione delle borse di studio al miglior studente per ogni anno scolastico.

La Moto Guzzi, all'epoca, aveva un equipaggio di canottaggio che vantava un'ottima reputazione e vinceva anche le Olimpiadi: lavorare con loro significava avere un posto sicuro e prestigioso.

Per quattro anni scolastici consecutivi vinsi la borsa di studio, che dava la possibilità di lavorare alla Moto Guzzi come apprendista nel periodo estivo. Imparavo un lavoro e, cosa da non tralasciare, mi pagavano anche un po'.

Quando finii la scuola superiore ci trovavamo nel periodo del boom economico. Era il 1962, non avevo ancora diciannove anni, ma già prima della fine dell'ultimo anno scolastico avevo avuto diciotto offerte di lavoro, perché i miei erano i migliori voti della classe.

Dopo qualche colloquio alla Olivetti di Ivrea e alla Fiat di Torino, decisi di continuare nella mia scelta iniziale: lavorare alla Moto Guzzi, per studiare contemporaneamente all'università, di sera. Il lavoro mi avrebbe permesso di proseguire gli studi e di sentirmi già capace di contribuire all'economia della famiglia.

L'unica possibilità che mi si presentava, per vicinanza e spesa, era frequentare la facoltà serale di Economia e commercio, alla Cattolica di Milano. Un tipo di studio che non mi entusiasmava, ma non c'erano alternative.

Ogni mattina con dieci minuti di treno arrivavo alla Moto Guzzi, che stava vicina alla stazione, dove mi aspettava il mio lavoro di analista tempi e metodi, mangiavo alla mensa, lasciavo il lavoro mezz'ora prima degli altri e prendevo il treno in direzione Milano per le lezioni universitarie. Tornavo a casa quasi alle undici di sera, mamma mi aspettava con la cena in caldo.

Non c'era nulla di strano nei miei viaggi da pendolare. Quando frequentavo la scuola avevo compagni di classe che venivano dalla Valtellina e ogni mattina si alzavano alle cinque per poter essere a scuola alle otto e mezzo, e arrivavano a casa solo verso le nove di sera. Senza contare quelli che venivano dall'alto lago di Como, e prima di prendere il treno dovevano attraversare il lago in battello.

Ho lavorato alla Moto Guzzi dalla metà del settembre del '62 alla fine del febbraio del '64, quando entrai dai comboniani.

In tutti quegli anni continuai sempre a leggere molto, di tutto, ma negli ultimi periodi sulla scrivania e sul comodino crescevano le pile di libri impegnativi dal punto di vista religioso. Allora era di moda Thomas Merton, il contemplativo americano, e io ero incuriosito dalla sua storia e dalla sua vita.

Ero facilitato, rispetto agli altri ragazzi, perché possedevo una grande fortuna: la libreria di mio padre, che ogni giorno mi offriva un testo diverso a costo zero. Col tempo il negozio dei miei si specializzò in riviste e pubblicazioni a dispense, abbandonando i libri tradizionali, ma quando ero un ragazzo di libri ne giravano tanti, e non me ne volevo perdere uno.

Da ragazzino non avevo quasi mai frequentato l'oratorio della mia parrocchia, eppure quando don Spirito Colombo fondò un'associazione chiamata Gioventù studentesca lecchese, precursore della Gioventù studentesca milanese fondata da don Giussani, mi ci avvicinai, con curiosità.

Era un periodo in cui volevo conoscere tutto, capire, entrare a fondo nei problemi. Nel 1954, con la nascita della Gioventù studentesca di Milano, l'associazione lecchese di cui facevo parte confluì in quella del capoluogo. Vari compagni di quegli anni hanno poi continuato a impegnarsi nella Gioventù studentesca, e successivamente in Comunione e liberazione, che dalle nostre parti è una realtà molto forte.

Per molto tempo, mentre frequentavo l'università, pensavo che la mia vocazione fosse quella di fare il monaco contemplativo, ma mi sentivo insufficiente a tanto, mi sembrava d'essere incapace di fare una scelta simile.

Mi attirava la vita di Charles de Foucauld, ammirata e letta sui libri. Dentro di me sentivo lo stimolo ad andare oltre, a guardare lontano, a tenere aperta una vita di ricerca, a cercare quasi di uscire dalla vita concreta. In questa direzione confluivano le mie idee della dedizione e della ricerca di Dio.

Poi, adagio adagio, mi sono convinto che l'alternativa più fattibile per me consisteva nell'impegnarmi in una vita più attiva, in cui ci fosse una certa libertà di movimento geografico.

Mi orientai così verso le missioni.

Da un certo punto di vista, il mio fu un discernimento a livello intellettuale, razionale. Riflettei a lungo su cosa sentivo dentro di me, su cosa desideravo fare, non venni travolto da un'ispirazione.

È difficile spiegare perché qualcuno si sente destinato a una certa vita. Non so davvero dire perché sentivo di voler fare il missionario. So solo che a un certo punto ero sicurissimo che quello sarebbe stato il mio futuro.

I miei genitori furono prima di tutto sorpresi dalla mia scelta. Non mi vedevano particolarmente legato alle attività parrocchiali o alle associazioni cattoliche. Avevo anche smesso di frequentare Gioventù studentesca. Per loro fu come cadere dalle nuvole. Mamma e i miei fratelli si adattarono presto all'idea di vedermi missionario, mentre papà non riusciva a capire e ad accettarlo. Pensava che io stessi facendo un errore madornale, che fosse un colpo di testa, che dopo qualche anno mi sarei amaramente pentito di questa mossa. Papà credeva, e credette per molto tempo, che presto mi sarei ricreduto e che avrei dovuto ricominciare a cercare un lavoro, magari proprio alla Moto Guzzi, dove avevo abbandonato una posizione invidiabile.

A dire la verità, a distanza di qualche mese dalla mia entrata nel noviziato, la pensavo come lui: credevo di non farcela, di non riuscire ad adattarmi. Col tempo però mi integrai bene e quando papà mi vide contento e soddisfatto del mio percorso fu felice come e forse più di me.

Ricordo che nel mio periodo di ricerca mi capitò in mano la rivista «Nigrizia», dove non mi sarei mai sognato, un giorno, di lavorare.

Nella quarta di copertina del numero che tenevo in mano c'era la foto di un missionario in spalla a un ragazzo nero, che attraversava una palude. L'immagine mi colpì subito e mi affascinò. Notavo con forza l'elemento della dominazione, ma notavo anche qualcos'altro che andava al di là del primo impatto, qualcosa che al momento non seppi spiegarmi e che mi rimase in testa, come un tarlo, per molto tempo. Dopo tanti anni interpreto quell'immagine come il simbolo dell'essere portati dall'Africa. Non ci vedo più la dominazione, non ci vedo la sottomissione, che sono solo le prime, apparenti sensazioni. Oggi ci vedo la grande responsabilità della situazione, che sta interamente sulle spalle del ragazzo nero e non sul missionario.

Chiesi a don Spirito un consiglio per entrare in qualche istituto missionario. Lui mi raccontò di un prete della nostra parrocchia, padre Gianni Corti, che faceva parte di un istituto missionario molto aperto, che cercava di adattarsi al rinnovamento che con il Concilio era ormai in moto. Ma don Spirito non si ricordava il nome di quell'istituto.

Padre Corti era impegnato, in quel periodo, nella traduzione italiana di alcuni testi di Raoul Follereau e ne era amico personale. Conoscevo bene Follereau, avevo letto molto di lui, avevo amato le sue parole di civiltà e di amore. Così con grande emozione incontrai padre Corti, che mi diede degli indirizzi e mi consigliò una serie di letture sui vari istituti missionari. Non mi disse a quale istituto apparteneva lui, volle darmi la possibilità di scegliere dove dirigermi.

Così, per una serie di circostanze casuali, o forse provvidenziali, nel marzo del '64 entrai nel noviziato dai comboniani di Gozzano. Poi feci gli studi di teologia a Venegono Superiore e nel marzo del '70 fui ordinato sacerdote, in una chiesa di Mandello del Lario, a due passi dalla Moto Guzzi.

Già prima dell'ordinazione avevo chiesto, come opzione, di poter studiare l'arabo in Libano, per essere poi destinato in Sudan.

Pochissimi studenti, con me, erano interessati a questa zona. Abbiamo creato una compagnia, un gruppo, per partire uniti. Eravamo quattro, oltre a me due spagnoli e un messicano, ma mentre gli altri tre partirono io rimasi in Italia.

Non accadde per volontà mia: quindici giorni prima della partenza mi chiamarono a lavorare a «Nigrizia». Io volevo partire, non avevo nessuna intenzione di rimanere in Italia. Invece mi obbligarono a restare. Per assurdo, nella mia classe di novelli sacerdoti ero l'unico a non aver fatto il liceo, ero solo un perito meccanico. Mi prese un profondo senso di frustrazione, mandai lettere alla direzione generale, protestai, scatenai un putiferio ma non servì a nulla. Rimasi cinque anni alla redazione di «Nigrizia», fino alla vigilia del Natale del '75.

A «Nigrizia» furono anni molto belli ed emozionanti perché c'erano i grandi fermenti del post-Concilio, e nascevano ovunque movimenti e vivaci gruppi missionari che cercavano di mettere in pratica le nuove grandi direttive conciliari, come Mani tese e il Sermig.

Nella redazione si lavorava molto ma riuscii ugualmente a prendere una laurea in Scienze Politiche all'università di Padova. Seguendo la specializzazione in Sociologia mi laureai nel '77, presentando una tesi sulla storia e il contributo della comunità nero-americana nella Chiesa cattolica, grazie a una permanenza di un anno a Watts, il ghetto nero di Los Angeles.

Con me, mentre ero direttore di «Nigrizia», il più giovane direttore nella storia della rivista, c'era anche padre Piero, un amico prezioso che conoscevo già dai tempi del seminario. Frequentavamo lo stesso anno di studi, anche se lui stava a Verona. Per ragioni di salute Piero perse dodici mesi e venne ordinato un anno dopo di me. Assieme a noi, a creare un trio inseparabile, arrivò anche padre Celestino Celi, ancora prima d'essere ordinato. Celestino sfortunatamente morì in un incidente in Ciad, nell'88, perdendo il controllo dell'auto su una pista.

Con i miei due più cari amici ebbi la fortuna di lavorare per due anni a Roma, dove avevo portato la direzione di «Nigrizia» nel '73. Vivevamo in comunità con dei missionari comboniani di straordinaria levatura tra cui padre Ernesto Malugani, il superiore provinciale, padre Filiberto Giorgetti, un etno-musicologo di fama mondiale, e molti altri, tutti grandi missionari aperti verso gli altri e verso il futuro. La convivenza con loro per me, Piero e Celestino è stata assolutamente fondamentale. Ci hanno abituato a guardare lontano, a spalancare le braccia al mondo e alle persone, cosa che ci faceva crescere e ci dava coraggio.

Furono anni bellissimi.

Durante l'intensa esperienza di «Nigrizia» cominciai, finalmente, a viaggiare. Viaggi avventurosi, che mi segnarono.

Nel '72 andai in Guinea Bissau, a visitare le zone liberate dai guerriglieri indipendentisti (dalla cui esperienza, qualche anno dopo, ho tratto il racconto del mio primo libro, *Liberate il mio popolo*), e poi nell'Africa francofona e in quella lusofona.

Le mie iniziative, il taglio nuovo che avevo dato alla rivista, non erano visti molto bene da alcuni superiori. Così, visto che insistevo per andare in missione, mi accontentarono. Due giorni prima del Natale del '75 partii per gli Stati Uniti. Tornai verso la fine del '76, e poi feci un giro di quasi tre mesi in Africa, come consulente culturale insieme a una troupe televisiva che girava un documentario in sei puntate sull'arte africana, e infine mi laureai.

Era il settembre del '77 quando la mia avventura cominciò.

Già al termine del noviziato, nel '66, avevo assunto il nome di un martire ugandese della fine dell'Ottocento, Kizito. Kizito era il nome del più giovane di un gruppo di cattolici e protestanti ugandesi martirizzati per non rinunciare alla fede. Ragazzino, a poco più di quattordici anni, Kizito preferì morire pur di rimanere fedele a Cristo e ricevette il cosiddetto battesimo di sangue (perché, con grande probabilità, venne ucciso prima di essere battezzato). C'è incertezza su questo punto: alcuni sostengono che Kizito venne battezzato la notte prima del martirio, mentre stava in carcere col catechista che lo aveva istruito, ucciso pure lui il mattino dopo assieme a tutti gli altri che erano prigionieri quella notte. I testimoni non esistono, sono stati tutti assassinati, e Kizito sarà ricordato per sempre col suo nome africano. Mi attirava la sua figura, di ragazzino preso al crocevia delle religioni, convertito alla religione tradizionale, cattolico ma amico dei protestanti e martirizzato per ordine di un capo che invece, per opportunismo politico, si era convertito all'Islam.

Il padre generale dei comboniani mi offrì diverse alternative su dove iniziare la mia missione. Scelsi lo Zambia, anche perché era una sfida nuova per i comboniani. Sarei stato il primo comboniano in Zambia, altri mi avrebbero raggiunto dopo qualche mese. La cosa mi affascinava.

Lavorai in Zambia per tre anni, a Chadiza, e fu in quel periodo che vissi alcuni tra i momenti decisivi della mia vita. Assieme a padre Dario, che oggi è parroco di Lilanda, uno dei quartieri più poveri di Lusaka, e a padre Piero, il mio grande amico dall'irriducibile spirito critico, oggi parroco del *compound* di George, adiacente a Lilanda, anch'esso tra i quartieri di Lusaka più miseri e devastati dall'Aids, muovemmo i primi passi di vita missionaria lavorando con le comunità di base che stavano nascendo in quella grande missione.

Si trattava di una missione rurale, un passaggio fondamentale per chi si avvicina all'Africa, perché gli africani fanno sempre riferimento al mondo rurale, ai villaggi, alla tradizione contadina o nomade, o di allevatori, anche se sono nati e vivono in città. La vita tradizionale resta il loro punto di riferimento.

Quei tre anni a Chadiza furono fondamentali perché imparai moltissimo ad aspettare, ad ascoltare. In Africa è controproducente avere premura, forzare le cose, partire con dei progetti preconfezionati.

La vastissima Chadiza, una delle zone rurali più densamente popolate dell'Africa, viveva in quegli anni una situazione di prosperità contadina, e per me fu un'ottima scuola. La nostra comunità comboniana era composta solamente da noi missionari, tre ragazzi bianchi. Mi sembrava indispensabile aprire la comunità agli africani, essere più coinvolti nella loro vita. Piero e Dario la pensavano come me, ma gli altri che ci avevano raggiunto, alcuni già con esperienza in altre parti d'Africa, non erano d'accordo e invocavano le regole. Così pensai che era arrivato il momento di cambiare.

Chiesi all'arcivescovo di Lusaka, Emmanuel Milingo, di lasciarmi fare un'esperienza da solo. Mi accontentò e mi inviò a Bauleni, alla periferia di Lusaka, oltre il cimitero. Là c'era un quartiere poverissimo, abitato da chi non aveva altra scelta.

La casa parrocchiale era piccola, isolata, in un grande campo. La chiesa, circa sei metri per dieci, era invece nel bel mezzo del quartiere, una baracca un po' più grande in mezzo ad altre baracche. Non era mia intenzione restare da solo, così cominciai a invitare alcuni ragazzi che conoscevo bene, poiché avevano frequentato la scuola superiore di Chadiza, a venire a stare con me.

La condivisione e la partecipazione fanno parte della mentalità africana, sono centrali nella visione del mondo e della vita di un africano. Qualsiasi bene, che sia materiale o spirituale, non appartiene al singolo ma alla comunità.

Iniziammo a vivere in quella casa, con due stanze da letto, i servizi e una stanza più grande che serviva da ingresso, sala e cucina, tutti insieme, fino a dieci o dodici persone in trentasei metri quadri. La comunità è nata da questa convivenza, da cose concrete, da cose che occorreva fare, non dai progetti ma dall'organizzazione quotidiana dei problemi: è stata questa la nostra forza.

Pur prendendomi cura della missione e impegnandomi nel sostegno alla crescita e alla formazione dei numerosissimi cristiani e dei catecumeni, trascorsi la mia vita sempre a contatto con i ragazzi africani, lasciandomi coinvolgere in modo molto profondo nei loro problemi familiari, quotidiani, lavorativi. Con loro cominciai a lavorare sulla formazione, sull'idea del dedicarsi alla formazione di leader.

Poi, quando arrivò l'opportunità e qualcuno decise di sposarsi, ci spostammo in un terreno un po' fuori Lusaka, a Kasupe. Dista quindici chilometri dalla capitale e per arrivarci devi transitare su una strada rossa e polverosa.

Il progetto era nato dopo che io e i ragazzi avevamo avuto la possibilità di formarci e crescere insieme per tre anni. Prima le persone giuste, la formazione, le motivazioni e poi le attività e i progetti concreti. Così funzionano le cose. Altrimenti l'Africa diventa un cimitero di progetti.

Risanammo l'area, che era selvaggia e inospitale, piena di serpenti e di erbe altissime, che ci venne venduta da un'anziana signora che andava in giro col fucile sotto braccio. Migliorammo la grande casa, costruimmo un impianto per l'approvvigionamento idrico e poi dei piccoli alloggi per le famiglie dei membri della comunità.

All'inizio del nostro stare insieme a Lusaka non pensammo a un nome. Nessuno di noi pensava che fosse il principio di un'avventura di lunga durata. Dopo qualche tempo però sentimmo la necessità di trovare un nome, per registrarci legalmente come comunità. Visto che in quei giorni in Italia moriva don Zeno Saltini, il fondatore di Nomadelfia, decidemmo di ricordarlo assumendo il nome della sua comunità: la nostra prima registrazione legale fu «Cooperativa Nomadelfia». La comunità di don Zeno, che nel dopoguerra si occupò dei bambini rimasti senza famiglia, è ancora oggi una grossa realtà, in provincia di Grosseto, molto conosciuta nell'ambiente cattolico, anche per l'originalità e le controversie che si sono susseguite attorno al fondatore, ma soprattutto per la visione di un mondo nuovo di cui è seme.

Nel febbraio dell'82 i primi ragazzi, che finalmente si sentivano protagonisti come avrei sempre desiderato, si trasferirono da Bauleni a Kasupe, rendendo così l'esperienza indipendente. Fu un paio di anni dopo che mi sembrò che il nome iniziale avrebbe potuto generare equivoci e così diventammo «Koinonia», la parola greca che negli Atti degli Apostoli (2, 42) viene usata per indicare lo spirito fraterno che legava i primi cristiani. Il motto della comunità, che oggi si è ampliata nel Mthunzi Centre, racconta molto della nostra unione e di come siamo cresciuti. Recita così: «We share, we care, we love».

Il nome Koinonia indica una fratellanza integrale. La Koinonia africana è una comunità di giovani, laici, cristiani, giovani africani impegnati che vogliono restare africani pur confrontandosi con la modernità. Uno dei principi basilari è che ognuno si impegna a crescere come persona umana e come cristiano, e si impegna nel porre questa sua crescita al servizio degli altri.

Alla fine dell'86 il superiore generale mi richiamò a Roma, mi chiese di fare un periodo di aggiornamento e di mettermi a disposizione per un'altra missione. Fu un distacco dolorosissimo dalla mia famiglia africana. All'Università Gregoriana frequentai un corso di specializzazione in Scienze delle comunicazioni sociali. Il corso durava due anni, ma mi sforzai per poterlo concludere in un anno solo. Non volevo stare due anni interi lontano dall'Africa. Nel giugno dell'87, sostenuti tutti gli esami, ero pronto a ripartire.

Durante quei tempi, a Milano, frequentavo spesso i ragazzi di Africa Oggi, un'associazione nata negli anni Settanta, che organizzava campi di lavoro estivi in Africa, ed era già stata a Bauleni per aiutarci a costruire la nuova chiesa. Erano soprattutto giovani, le cui forze comunque venivano coagulate da una persona dalla straordinaria carica umana, Adriano Zanini. Adriano, agli inizi degli anni Ottanta, già pensionato, ogni anno riusciva a organizzare una dozzina di campi di lavoro in tutto il mondo, con una predilezione per l'Africa. Fu lui, prima di molti altri, a comprendere che la volontà di molti giovani di fare e sperimentare il proprio impegno per l'Africa e le missioni non significava fare semplicemente del «turismo missionario», ma era una forma per concretizzare e consolidare un impegno di vita. Adriano sapeva convogliare le loro forze. È stato lui, con la sua azione, a convincermi che «sprecare un po' di tempo» – come dicevano alcuni missionari – per questi gruppi di giovani era una cosa importante. Si trattava di far capire loro cosa volesse dire «fare missione», di incominciare ad abbozzare un discorso di introduzione a una cultura diversa, ai problemi di giustizia e di pace a livello mondiale.

Nell'aprile dell'87 il padre generale mi propose diverse possibilità per il mio futuro: direttore della rivista comboniana in Inghilterra, o direttore della rivista comboniana negli Stati Uniti, o incaricato dell'avvio di una nuova rivista che si voleva fare nelle Filippine, o a Nairobi... Non lo lasciai finire, e senza un attimo di esitazione scelsi Nairobi. Ma a Nairobi non erano pronti, e allora per occupare il tempo dall'ottobre dell'87 al gennaio dell'88 andai a Salvador de Bahia, in Brasile, per cercare di capire qualcosa del mondo nato dalla sofferenza degli schiavi africani. Mi guidò uno straordinario comboniano che era uno dei più grandi conoscitori del *candomblé* e del mondo dei neri brasiliani, Ettore Frisotti, che purtroppo ci ha già lasciati.

Arrivai a Nairobi la sera del 14 febbraio 1988, San Valentino, santo degli innamorati.

Ci volle tempo, perché dovetti organizzare la nuova redazione e dal niente dare un'impronta alla rivista, ma finalmente nel luglio dell'89 usciva il primo numero di «New People», con sessantaquattro pagine e una distribuzione iniziale in otto paesi dell'Africa anglofona, con lo scopo di camminare e crescere con l'Africa, e di dare un segno forte della Chiesa africana aperta al mondo. Posso dire che fu un bel successo. «New People» faceva opinione nella Chiesa africana e in pochi anni diventò un punto di riferimento. Forse anche troppo.

Nel '95 venni allontanato da «New People» per un intervento proveniente da Roma, dalla Segreteria di Stato e dal cardinale prefetto della Congregazione dell'Evangelizzazione dei popoli, che non avevano digerito le mie posizioni sul Sinodo Africano, che si era tenuto nell'aprile del '94. Ma questa è una storia sulla quale si potrebbe scrivere un libro a parte.

Quando partii per il Kenya dovetti allontanarmi da padre Piero, ma quando torno in Zambia vado sempre a trovare lui e Dario. Piero è diventato un maestro, anche grazie alla sua conoscenza approfondita della lingua e della cultura locale. Il confronto con lui per me è stato sempre molto importante. Nei momenti difficili Piero è un sostegno sicuro, un'ancora certa. Ricordo che quando un superiore generale aveva intenzione di eliminarmi da «Nigrizia» padre Ernesto, il provinciale, prese le mie difese, ma anche Piero non esitò a venire in mio aiuto. Si presentò dal superiore in questione, accompagnato da Celestino, e si dichiarò pronto a dimettersi se fosse stata intrapresa una qualsiasi azione contro di me.

Ricominciare a Nairobi a quarantacinque anni richiese molta pazienza e una buona dose di umiltà. Ma sono cose da mettere in conto nella nostra vita di missionari. Non mi meraviglierei se fra qualche anno mi trovassi a dover ricominciare tutto da capo.

Dal mio trasferimento in Kenya a oggi sono accadute molte cose. Dopo «New People» sostenni le attività di alcuni gruppi locali sulla pace, poi, con i giornalisti africani, misi in piedi un sito internet, NewsFromAfrica, che è un'agenzia di articoli e notizie di africani che raccontano l'Africa. Nell'89 iniziai a viaggiare nelle zone del Sudan controllate dal movimento di liberazione Sudan people liberation army (Spla) e nel '95 intrapresi il primo viaggio sulle montagne Nuba, dove un genocidio stava ingiustamente e crudelmente consumando la popolazione locale. Da allora continuo l'attività umanitaria per i Nuba, partecipando alla Campagna italiana per i diritti umani in Sudan e tentando di portare sempre l'attenzione dei media sul Nord del Paese e sui monti Nuba. Ho anche insegnato giornalismo e ogni domenica, per cinque anni consecutivi, ho firmato una rubrica del «Sunday Nation», il più diffuso quotidiano dell'Africa orientale.

Poi vennero gli anni di Radio Waumini. La Conferenza Episcopale del Kenya nel '99 mi chiese di far partire la radio cattolica nazionale. Ormai avevo la reputazione, nel campo dei mass media, di riuscire a fare cose che erano giudicate impossibili. Il 13 luglio del 2003 la radio è partita con trasmissioni ventiquattr'ore su ventiquattro, tentando di fare radio in modo diverso, sia africano che cristiano. Gli africani, dalla forte e consolidata tradizione orale, sono molto legati alla radio, che arriva anche agli analfabeti, può trattare dei problemi della gente, ha costi bassi per chi la gestisce e anche per chi la riceve.

Nell'aprile del 1996, di passaggio a Milano, fui tra i membri fondatori di Amani, Ong italiana che, in modo formale, esisteva già da un anno. Amani fu voluta da Gian Marco Elia e da altri amici, e supportata da Comunità nuova di Milano, che si occupa da anni di tutte le forme di disagio giovanile. Amani è nata per sostenere i progetti della Koinonia di Nairobi e le attività sui Monti Nuba in Sudan. La Koinonia di Nairobi nel frattempo era cresciuta e i suoi membri erano impegnati in decine di progetti.

In Africa tutto è in movimento. Oggi vedi nascere qualcosa, domani qualcos'altro. Non esiste staticità. C'è tanta energia e tanta voglia di comunicare, di esprimersi, di condividere.

Nel cammino di questi anni ho compiuto molti, moltissimi errori. Non li elenco perché farlo non servirebbe a nessuno. D'altro canto ho fatto mie delle verità tanto semplici quanto fondamentali: solo l'amore è importante e, come diceva il titolo di un libro di tanti anni fa, solo l'amore è credibile; l'amore, per essere credibile, deve essere per sempre. Anche l'impegno per la giustizia e la pace, se fatto senza amore, è sterile. L'amore ti fa capire tutto e perdonare tutto. E Dio è amore, e l'amore è Dio.

Vale la pena essere vissuto per aver capito solo questo? E per che altro bisognerebbe vivere?

Quando torno in Zambia ritrovo la mia pace. Lì ho cominciato la mia vita da missionario e lì vorrei terminarla. Il Mthunzi Centre per me è un luogo di serenità, di amore, di condivisione in tutto e per tutto. Il centro cresce ogni volta, c'è sempre qualche novità. Quelle che preferisco riguardano soprattutto i bambini.

Una delle ultime volte che sono andato al Mthunzi ho conosciuto Chokepo. Avrà al massimo cinque anni. Mi hanno raccontato che entrato nel cortile si è guardato attorno spaesato, pronto a scoppiare a piangere. Alcuni ragazzi più grandi gli si sono avvicinati per chiedergli cosa volesse e lui ha raccontato che la mamma lo aveva accompagnato fino al ponticello, all'entrata del Mthunzi, lo aveva salutato e gli aveva detto che non si sarebbero rivisti mai più, aggiungendo bruscamente: «Adesso vattene via, va in quella casa, troverai delle persone che ti aiuteranno e ti vorranno bene». Sua madre se n'era andata subito.

Pochi giorni dopo guardavo Chokepo – lo hanno chiamato così, *chokepo*, che vuol dire «vattene via», come si usa fare in Africa, ricavando un nome da un avvenimento forte – giocare al pallone con gli altri e ricominciare a sorridere. Se gli educatori del Mthunzi gli avessero detto: «Ci spiace, vattene anche da qui perché non c'è posto per te, ma non preoccuparti perché ormai, con la nostra azione politica, siamo vicini alla costruzione di un nuovo mondo, e nel 2015 i poveri non ci saranno più», sarebbero stati crudeli e irresponsabili. Ma di loro si potrebbe dire lo stesso se continuassero a fare azioni caritatevoli per aiutare alcuni singoli bambini, senza impegnarsi a livello generale affinché il nuovo mondo, quello che tutti sogniamo, incominci il più presto possibile, adesso.

L'impegno per la costruzione di un futuro migliore per tutti non può essere disgiunto dall'attenzione a chi oggi ha bisogno di una mano amica.

Un nuovo mondo è possibile, anzi: è necessario. Io, sottovoce, mi permetto di dire agli amici: «Vi sbagliate, il nuovo mondo esiste già». Esiste là dove qualcuno è capace di sacrificarsi per il bene degli altri, là dove si lavora per la pace, dove una testarda voglia di giustizia si oppone alle disuguaglianze e alle barriere volute dall'egoismo individuale e collettivo. Le visioni e le azioni per la costruzione di un mondo nuovo non nascono negli incontri di salotto di persone intelligenti, nel mondo individualista della cultura globalizzata, tanto meno nei think tanks sponsorizzati dalle grandi istituzioni.

Ogni grande movimento storico non produce solo leader, teorie, libri, dibattiti, statistiche, marce o che altro. I movimenti che toccano nel profondo le esigenze dell'animo umano creano poesia. A volte è una forma minore di poesia, quella dei sogni a occhi aperti o delle illusioni. Ma altre volte è poesia vera, quella che ci fa vedere al di là della realtà, che ci apre il cuore alle cose grandi, soprattutto quella che ci fa vedere il futuro che esiste già adesso. A volte questa poesia ti aggredisce in momenti imprevedibili e immeritati. La vedi lì, a portata di mano, e ti accorgi che è più vera della realtà.

A me è successo una sera di qualche mese fa, proprio al Mthunzi. Avevo messo una sedia nel grande cortile, sotto la *jacaranda*. C'era una quiete profonda, l'ultima auto era passata oltre un'ora prima, nella strada sterrata ai piedi della collina.

Il sole tramontava a occidente mentre, contemporaneamente, a oriente sorgeva la luna piena. Alcuni bambini rientravano stanchi e sudati da una partita di calcio. Altri erano sotto la doccia, mentre altri ancora, già puliti e con i vestiti odorosi di bucato, preparavano all'aperto il tavolo che sarebbe servito da altare per la messa. Poco lontano le *mama* stavano cucinando un'enorme polenta, mentre il pentolone di spezzatino era già pronto. I bambini, indaffarati nelle varie occupazioni, mi passavano accanto e facevano un cenno d'intesa, mi lanciavano uno sguardo, un sorriso, ognuno in modo diverso esprimendo la gioia di essere insieme in un posto tranquillo, protetto, dove ci si vuole bene.

Ecco, improvvisamente, il nuovo mondo è qui. La miseria e la cattiveria che hanno fatto soffrire questi bambini sono state vinte, non ci sono più. Sono veri solo i loro occhi che cercano e offrono affetto, il loro sorriso generoso, le loro mani pronte a stringere la tua. Mi è venuto in mente Andrew, il ragazzo keniano che ci ha stimolato nel cammino insieme ai bambini di strada, quando mi raccontava come si fosse emozionato perché, dopo alcuni incontri sulla strada, un bambino sporco e macilento gli aveva preso la mano e gli aveva chiesto se lo poteva chiamare «papà». Allora durante la messa ho parlato di lui ai bambini, che mi ascoltavano rapiti, come se parlassi di un loro fratello maggiore.

Ecco, il nuovo mondo è qui, nella comunione fra i vivi, e dei vivi coi morti.

Quando riduci all'osso i grandi movimenti che hanno espresso i desideri collettivi della gente, li ripulisci di tutto il dolore, del sudore, e magari anche del sangue che hanno generato, ti accorgi che in qualche modo, magari anche sbagliando, la loro forza sta nell'aver coagulato le grandi aspirazioni di libertà e di amore che sono dentro tutti noi. Libertà e amore, comunione, il motore di tutto ciò che si muove. Il rivoluzionario che conosce solo i pugni chiusi, l'urlo di rabbia, parole e gesti di violenza, e non dà priorità alla sete di amore e libertà che ci sono nel cuore di tutti, si condanna alla sterilità.

I nostri gesti, il nostro lavoro, i nostri progetti hanno un valore che va al di là della loro pura materialità: con i nostri gesti, grandi e piccoli, possiamo cambiare il mondo. Quando queste cose sono poste consciamente costruiscono la nostra identità, il nostro mondo interiore, cambiano il significato della nostra vita personale e del mondo che ci circonda. È faticoso, ma poi ci sono i momenti di poesia che ripagano di tutto.

Il Mthunzi per me è il piccolo mondo dove ogni tanto irrompe la poesia, dove libertà e amore prendono il potere, dove nasce la comunione, e mi accorgo che il nuovo mondo è già qui. È qui tra i bambini che giocano, qui dentro questo cortile, nel sorriso di Chokepo, è qui tra i grandi di Koinonia che lottano per dare un aiuto ai bambini di strada, per sconfiggere la violenza e l'ingiustizia. È tutto qui.

E allora *amani*, pace.

Glossario

Agriculture show Manifestazione nazionale del settore agricolo, che si svolge a Lusaka il primo weekend del mese di agosto.

Bauleni Quartiere molto povero alla periferia di Lusaka.
Bemba o **chibemba** Una delle lingue bantu parlate comunemente in Zambia.
Boarding school Scuola superiore, secondo la struttura anglosassone.
Bostick o ***stick*** Colla per falegnameria: sniffata, produce effetti simili a quelli di una droga. Costa poco ed è la principale sostanza assunta dai ragazzi di strada africani.

Chadiza Parrocchia di Lusaka.
Chawama *Compound* di Lusaka.
Chaysa Piccola cittadina tra Chipata e Lusaka.
Chazanga *Compound* di Chipata, al confine col Malawi.
Chibuku Sorta di birra artigianale, ricavata facendo fermentare il mais, usualmente consumata dalle persone più povere grazie al suo basso costo. A volte la cattiva fermentazione può provocare avvelenamento.
Chicondano Villaggio poverissimo nelle vicinanze di Kasupe.
Chiluba Frederick Presidente dello Zambia eletto nel 1991, in carica fino al gennaio 2002, sostituito da Levy Mwanawasa, l'attuale presidente.
Chipata Città dell'Est dello Zambia, al confine col Malawi.
Compound Letteralmente «agglomerato». Il termine ha un'ampia valenza, difficilmente traducibile. Indica per lo più zone dove stanno ammassate case e baracche, spesso abitate da persone povere, ma può indicare anche un quartiere in senso lato.
Constable Marca di sigarette.

Copperbelt Regione del Nord zambiano ricca di miniere di rame. Un tempo i colonizzatori inglesi, arrivati in Zambia perché attratti dalla grande quantità di rame, imposero una tassa a ogni capofamiglia, obbligando buona parte degli africani a lavorare nelle miniere al servizio dei propri sfruttatori.

Dagga o **dagger** Nome sudafricano dato alla marijuana.

Fountain of Hope Centro di accoglienza per i bambini di strada nel centro di Lusaka.

Garden *Compound* di Lusaka.

George *Compound* di Lusaka.

Grade Indica la classe, il livello della scuola zambiana, dove gli studenti sono divisi a seconda delle capacità e non dell'età. Parte dal *grade one* e arriva fino al *grade eleven*. Dopo c'è il *college*.

Hungry Lions Fast-food nel centro di Lusaka, parte della catena commerciale *Shoprite*.

Impwa Ortaggio simile a melanzane e cetrioli, sia per gusto che per forma. Si mangia cotto nell'olio.

Jacaranda Albero che produce fiori dal caratteristico colore viola, tipico delle zone tropicali.

John Howard *Compound* di Lusaka.

Kafue Città a Sud di Lusaka.

Kalulushi Città vicina a Ndola.

Kanyama *Compound* di Lusaka.

Kapenta Piccoli pesci di fiume o di lago, comunque di acqua dolce; vengono conservati sotto sale e mangiati fritti. Detti anche «sardine del lago Tanganica», sono molto nutrienti e ottimi per l'alimentazione dei bambini.

Kasama Città del Nord-est dello Zambia.

Kashitu Cittadina sulla strada tra Lusaka e Ndola.

Kasupe Quartiere di Lusaka, in direzione Ovest, dove ha sede il Mthunzi Centre.

Katete Piccolo villaggio a Est dello Zambia.

Kaunda Kenneth Presidente dello Zambia dall'Indipendenza della nazione (1964) al 1991.

Kiswahili o **swahili** Una delle lingue più parlate in tutta l'Africa.

Kitwe Grande città del Nord dello Zambia.

Kivuli Centre Centro creato da padre Kizito e da Amani per i bambini di strada, nella periferia di Nairobi.

Korogocho Una delle più note baraccopoli di Nairobi.

Kwacha La moneta zambiana. Attualmente cinquemila kwacha equivalgono circa a un dollaro.

Lepu Foglie della rapa, dal gusto abbastanza amaro, che vengono cucinate nell'olio dopo essere state tagliate a piccoli pezzi.

Lewis Villaggio tra Ndola e Lusaka.

Lilanda Quartiere molto povero di Lusaka.

Mama Termine africano per indicare affettuosamente le donne.

Mazabuka Città a Sud di Lusaka, sulla strada che conduce a Livingstone.

Misis *Compound* di Lusaka.

Mosi Marca di birra zambiana in bottiglia.

Ndola Grande città del Nord.

Ngoma Tamburo tipico dello Zambia.

Ngo'mbe *Compound* di Lusaka.

Nshima Polenta bianca di mais immancabile nella cucina zambiana. Si mangia prendendone dei pezzi e amalgamandoli con le dita per creare un incavo, simile a un cucchiaio, con cui raccogliere verdure o altro d'accompagnamento.

Nyanja o **chinyanja** Una delle lingue bantu parlate comunemente in Zambia.

Pci Project concern international (saving lives and building healthy communities), struttura che supporta alcune organizzazioni locali che lavorano per garantire un futuro a bambini ed orfani.

Peter Nome abbreviato di Peter Stuyvesant, marca di sigarette olandesi.

Rivonia Farm Azienda di Kasupe (Lusaka) che produce marmellate, confetture e salse.

Shake shake Birra artigianale molto forte che viene shakerata prima di essere servita.

Sinya *Compound* di Ndola.

Soweto Quartiere di Lusaka dove ha sede un noto mercato.

Street-kid o ***Street-children*** Termine usuale per indicare i ragazzi di strada.

Toloka Villaggio dell'Est dello Zambia.

Tubalange Basic School Scuola pubblica di base del quartiere di Kasupe (Lusaka).

Twapia *Compound* di Ndola.

Unkuasi *Compound* di Ndola.

World Vision International Ong mondiale fondata nel 1950, che lavora soprattutto a favore dei bambini.

Wuzungu Termine usualmente utilizzato dagli africani per indicare i bianchi.

Yambani Villaggio dell'Est dello Zambia.

AMANI

Amani, che in *kiswahili* vuol dire «pace», è un'associazione laica, ispirata e fondata tra gli altri dal padre comboniano Renato Kizito Sesana.

Amani è una Ong, Organizzazione non governativa, riconosciuta dal Ministero degli Affari Esteri: si impegna particolarmente a favore delle popolazioni africane seguendo due regole fondamentali:

– curare lo sviluppo di un numero ristretto di progetti, in modo da poter mantenere la sua azione su base prevalentemente volontaria e contenere i costi a carico dei donatori;

– affidare ogni progetto e ogni iniziativa sul territorio africano solo ed esclusivamente a persone del luogo.

A conferma di questo, molti degli interventi di Amani sono stati suggeriti da un gruppo di giovani africani riuniti nella comunità di Koinonia.

Le principali attività di Amani sono: le tre case di accoglienza per i bambini e le bambine di strada di Nairobi e Lusaka (Kivuli, Mthunzi e Casa di Anita); Africa peace point e Amani people's theatre, rispettivamente un'organizzazione locale e una compagnia di giovani attori keniani che promuovono la diffusione di una cultura di pace e la mediazione dei conflitti; NewsfromAfrica, un'agenzia di stampa redatta interamente da giovani giornalisti e scrittori africani. Inoltre Amani sostiene una piccola scuola a Nairobi, nel poverissimo quartiere di Kibera e una polisportiva, l'Amani Yassets Sports Club, un progetto socioeducativo per i giovani delle baraccopoli della capitale keniana.

Dal 1995 Amani lavora a fianco del popolo Nuba, vittima di un genocidio e del conflitto tra il Nord e il Sud del Sudan. Amani è stata tra i primi a rompere l'isolamento e realizzare voli umanitari carichi di aiuti. Oggi Amani sostiene la riorganizzazione del sistema educativo sulle montagne Nuba attraverso la costruzione e la gestione di scuole primarie e istituti per la formazione di maestri Nuba.

Come contattarci:
Amani Onlus – Ong
(Organizzazione non lucrativa di utilità sociale e Organizzazione non governativa)
via Gonin, 8 - 20147 Milano - Italy
Tel. 02-48951149 - 02-4121011; Fax 02-45495237
e-mail: amani@amaniforafrica.org
sito web: www.amaniforafrica.org

Come aiutare Kivuli, la Casa di Anita, il Mthunzi e il popolo Nuba:
Basta versare una somma sul c/c postale n. 37799202 intestato ad Amani Onlus - ONG, via Gonin, 8 - 20147 Milano o sul c/c bancario n. 503010 Banca Popolare Etica ABI 05018 - CAB 12100 - CIN G.
Ricordiamo inoltre di scrivere sempre la causale del versamento e il vostro indirizzo completo.
Nel caso dell'adozione a distanza, è necessario versare mensilmente 26 euro per la durata di almeno un anno. È importante indicare in tutti i casi la causale del versamento.